AF347163

TRAITÉ

CONCLU À ALGER LE 1ᵉʳ JANVIER 1694,

ENTRE LE DEY D'ALGER

ET LA COMPAGNIE DU BASTION DE FRANCE.

RAPPORT DE M. DE MAS LATRIE,
MEMBRE DU COMITÉ DES TRAVAUX HISTORIQUES[1].

M. Albert Devoulx, correspondant du Comité, a récemment communiqué à la section d'histoire un document d'un grand intérêt et d'une réelle valeur historique. C'est le traité conclu à Alger le 1ᵉʳ janvier 1694, entre le gouvernement d'Alger, occupé alors en commun par Moustapha avec le titre de Pacha, et par Hadji Ahmed Chaban avec le titre de Dey, ou chef de la milice, et la Compagnie de nos anciennes concessions d'Afrique, dirigée par Pierre Hély. Ce traité réintégrait la Compagnie dans la possession du Bastion de France et des établissements de la Calle, du cap Rose et de Bône.

La convention fut réglée par les soins d'Annet Caisel, à la faveur et

[1] Sur le désir exprimé par la section d'histoire, M. le Ministre a bien voulu faire venir d'Alger l'original même du traité dont M. Devoulx avait envoyé une communication, comprenant une copie du texte français avec la traduction rédigée par ses soins du texte turc sur une version arabe. M. Pavet de Courteille, membre de l'Institut, professeur de langue turque au Collége de France, a bien voulu se charger de dresser une copie exacte de la rédaction turque et d'en surveiller l'impression.

En regard du texte turc, nous donnons une ancienne traduction, faite par M. Deval, consul général de France à Alger, dont on doit la communication à M. Faugère, directeur des Archives et Chancelleries au Ministère des affaires étrangères.

en exécution des traités solennels de paix et de commerce conclus dans les mois de septembre et d'octobre 1689, par Louis XIV, avec le sultan de Constantinople et le dey d'Alger, à la suite du bombardement de la ville exécuté par le maréchal d'Estrées.

Le nouveau traité rappelle les capitulations obtenues de la Porte par Henri IV en 1604 pour la garantie de nos établissements d'Afrique et le privilége de la pêche du corail sur les côtes de la régence d'Alger; il renouvelle, confirme et complète avantageusement les anciennes dispositions des traités à cet égard.

Aussi a-t-il été considéré jusqu'à l'expédition d'Égypte qui amena la destruction de nos établissements d'Afrique, comme le titre principal et le fondement des droits de la France à la possession et à l'exploitation exclusive de l'ensemble de bâtiments, terrains et priviléges que comportait l'ancienne dénomination de *Concessions d'Afrique*, depuis le Bastion de France et la Calle jusqu'à Bône.

Ce traité était connu dans les chancelleries consulaires du Levant et de Barbarie sous le nom de l'*Ottoman*.

L'acte primitif de la convention fut rédigé en deux langues, en français et en turc, dont les paragraphes numérotés se correspondent. On dressa deux instruments du traité, et l'un de ces originaux fut remis à Annet Caisel, avec les conventions supplémentaires qui y furent annexées le 3 janvier 1694, trois jours après la signature du traité primitif.

Ce premier instrument original a été perdu. L'agent à qui Annet Caisel l'avait confié pour l'apporter en France, ayant été capturé en mer par les Hollandais, avec qui l'on était alors en guerre, Pierre Hély demanda au dey d'Alger, et l'obtint, une nouvelle copie authentique du traité. Cette expédition fut dressée dans une séance du Divan, le 12 juillet 1695. Il n'est peut-être pas inutile de rappeler ces circonstances et de préciser cette chronologie, pour qu'on ne confonde pas les faits, et que l'on reconnaisse le même document sous les dates diverses qui pourraient lui être données.

C'est l'expédition authentique faite en 1695 du traité de 1694 que M. Devoulx vient de retrouver à la Bibliothèque d'Alger, et qu'il a communiquée au Comité.

On y remarque l'addition de deux conventions subsidiaires arrêtées en 1767 et 1790 entre la Compagnie Hély et le dey d'Alger. La première réduisait certaines redevances ou avoïdes exigées des agents du Bastion, dont l'une était appelée la *Redevance des souliers* ou *des babouches du Dey*. La seconde modifiait une redevance de boudjous payée tous les deux mois au palais du Dey. Pour ne pas faire de ces accords limités à des points spéciaux et précis l'objet d'un traité solennel, on se borna, en 1767 comme en 1790, à inscrire le résultat de la convention à la suite de l'expédition de 1695 à défaut de l'original perdu.

Si la Compagnie eût possédé encore l'instrument primitif du traité de 1694, c'est au bas de cet acte qu'on eût inscrit les arrangements supplémentaires de 1767 et de 1790.

Ce procédé n'avait rien que de conforme aux anciennes habitudes suivies dans les relations diplomatiques entre parties chrétiennes et musulmanes.

Les appendices ou post-scriptum du traité principal se libellaient et s'authentiquaient de la même façon que les stipulations antérieures et dans les deux langues. Pour le cas présent, les additions furent rédigées en français et en turc, signées et scellées de part et d'autre par les chargés de pouvoirs.

M. Devoulx, désirant transmettre au Comité la traduction française du texte musulman, a prié M. Mohammed ben Mustapha, cadi hanéfite d'Alger, de mettre en arabe le texte original turc. Grâce à l'habileté reconnue des deux interprètes, on peut être assuré, malgré l'inconvénient de deux traductions successives, d'avoir le vrai sens de la première rédaction musulmane dans toutes ses dispositions essentielles. et c'est là ce qui importe le plus.

Mais nous ne surprendrons personne en disant qu'il se trouve de continuelles différences de détail entre les rédactions synoptiques du texte chrétien et du texte turc. On sait que dans les négociations qui avaient lieu avec les musulmans, une fois les bases de l'accord arrêtées entre les négociateurs, chaque partie rédigeait, séparément et dans sa langue, la charte particulière du traité, en cherchant à concéder le moins possible à la partie adverse, et à garder pour soi, dans l'expression et dans la réalité, la position la plus avantageuse et la plus honorable.

. Souvent, les différences vont bien plus loin que les formes de chancellerie, toujours développées et emphatiques dans les rédactions musulmanes, simples et brèves dans les rédactions chrétiennes. Le sens positif des expressions diffère quelquefois par des nuances très-sensibles dans les parties accessoires de la phrase, sans qu'il y ait pourtant contradiction sur la disposition générale ou sur le principe qu'il s'agit d'exprimer. La stipulation essentielle est identique et formelle de part et d'autre, mais la façon dont la stipulation est énoncée et les conditions incidentes qui s'y rattachent diffèrent quelquefois beaucoup. L'Ottoman de 1694 en fournit plusieurs exemples frappants. Voici peut-être le plus important.

Dans le texte français du premier article, la Compagnie Hély est désignée en ces termes mêmes *propriétaire incommutable du Bastion de France et des établissements de la Calle, du Cap Rose et de Bône,* tandis que le texte turc autorise simplement la Compagnie Hély à s'installer comme étaient installées les précédentes compagnies françaises dans les établissements du Bastion, de la Calle, du Cap Rose et de Bône, pour s'y livrer au commerce. à l'exception de toute autre nation étrangère.

La mise en possession des anciens établissements et l'exclusion de tout étranger des affaires commerciales qui s'y traitaient, voilà le point essentiel et capital du premier article de l'Ottoman pour la Compagnie Hély. Or, ce privilége est formellement établi de part et d'autre dans les deux rédactions. Seulement, le titre auquel la Compagnie devait jouir de ce privilége et des terrains ou établissements commerciaux en dépendant n'est pas clairement indiqué et aurait prêté, comme l'on voit, à contestation.

Dans le texte turc, le dey d'Alger se réserve expressément la propriété du sol et des édifices des établissements; tandis que la Compagnie Hély, à l'instar vraisemblablement des compagnies précédentes, affectait de se considérer comme propriétaire incommutable du terrain et de ce qui le recouvrait, et l'annonçait dans le texte français du traité, afin d'atténuer les craintes que pouvait inspirer aux négociants français le commerce avec les Barbaresques.

Au fond, et en ce qui touche l'exploitation des Concessions, cette différence d'énonciation et du point de vue réciproque des parties ne changeait rien aux choses et ne gênait en rien le courant des affaires.

L'Ottoman eût-il expressément reconnu le droit de propriété d'Hély et de ses associés, rien ne pouvait donner des garanties sérieuses à la Compagnie contre le bon vouloir et la rapacité des pachas turcs qui régnaient à Alger. Les Barbaresques n'exécutaient les traités faits avec les chrétiens qu'autant qu'il y avait intérêt pour eux à les conserver ou danger trop imminent à les méconnaître.

L'esprit général qui dominait les relations des chrétiens et des Berbères africains avant les Turcs est tout différent. Le respect des conventions publiques et la sécurité des transactions particulières en était la base et le principe. Et l'on peut dire qu'à cet égard l'Europe du moyen âge ne pouvait se prévaloir d'aucun avantage sur le Magreb africain. Néanmoins, les rédactions des traités conclus par les chrétiens avec les rois berbères du XIe au XVe siècle, sans offrir peut-être des oppositions aussi formelles que les rédactions de l'Ottoman de 1694, présentent des différences incessantes non-seulement dans les généralités des formules de chancellerie, mais souvent dans l'expression même des conventions. Et pourtant, ni équivoques, ni obscurités, ni contradictions des instruments diplomatiques n'ont empêché le commerce de prospérer et de se maintenir sur la côte d'Afrique pendant quatre cents ans.

S'il a rapidement décliné à partir du xvi° siècle, c'est qu'il n'a plus trouvé sous les Turcs les garanties de protection et de bonne foi qu'il avait auparavant.

Aujourd'hui tout se relève en Algérie, le commerce, l'industrie, l'agriculture; tout renaît, tout peut prospérer, depuis que la France, par la plus légitime des conquêtes, a établi dans ces pays, si longtemps inhospitaliers, le régime de la justice et de la sécurité publiques.

L. DE MAS LATRIE.

TRAITÉ D'ALGER DE 1694.

I.

TEXTE ORIGINAL FRANÇAIS.

Entre les très-illustres et magnifiques Seigneurs Dey, Divan et milice de la ville et royaume d'Alger et la Compagnie des François nommée et advoüée pour la pesche du coral et commerce du Bastion de France.

Au nom de Dieu le Créateur. A tous présents et à venir soit notoire que comme les capitulations faites en 1604 entre les empereur Henry Quatre et sultan Ahmet auroient acquis aux François nommés et advoüés de leurs Princes, le droit du commerce et de la pesche du coral aux costes de Barbarie et particulièrement dans le royaume d'Alger, où les Puissances leur auroient permis de s'establir tant au Bastion de France qu'autres places de sa dépendance, le Sr Annet Caisel faisant pour Pierre Hély, en exécution du traité de paix fait en dernier lieu entre le Très-Haut, Très-Puissant et Très-Invincible Empereur de

TRADUCTION DU TEXTE TURC
FAITE PAR M. ALBERT DEVOULX
SUR UNE TRADUCTION ARABE.

Ceci est le texte de l'écriture relative à la conclusion d'un traité de paix [1] pour le Bastion (El Bestioun) et La Calle.

Les motifs de la rédaction de cet écrit et de l'échange de ces bons propos sont les suivants. Précédemment, antérieurement à nos jours, dans le temps passé, en l'année 1015 [2], le défunt auquel il a été fait miséricorde, celui dont la vie avait été heureuse et que sa mort a placé au rang des martyrs, Sa Hautesse le Sultan Ahmed Khan [3] (que sa torobe soit embellie !) avait durant sa vie et la félicité de son pouvoir, conclu avec le roi des contrées des rivages de France appelé *Arikou* [4] des conventions de bonnes relations d'amitié et de bons procédés réciproques. A la suite de cela, il parut un ordre de Sa Hautesse le Padicha, le Sultan Ahmed Khan; ce firman émané de sa Sublime-Porte et adressé à l'une des contrées

---

[1] عهد امان, *ahed aman*, mot à mot *Pacte de sécurité*. Nos agents et nos nationaux, estropiant cette expression suivant leur habitude, l'avaient transformée en *Ottoman*, mot que l'on rencontre fréquemment dans leur correspondance. (Les notes sont de M. Devoulx.)

[2] Cette année a commencé le 9 mai 1606 et fini le 27 avril 1607.

[3] Khan est l'un des titres que prend l'empereur de Turquie.

[4] Henri IV.

France et lesdites Puissances, se serait présenté à nous pour le restablissement dudit commerce et pesche du coral dans touttes lesdites places, et comme nous avons jugé ce restablissement nécessaire pour entretenir l'union et bonne correspondance qui est entre la France et nous, après nous avoir justiffié de son pouvoir, que nous avons reconnu pour sufisant, il auroit stipulé et accepté pour Pierre Hély et sa Compagnie les articles qui suivent.

(*Signé :*) CAISEL. (Cachet.)

de son vaste empire, Alger d'occident, boulevard de la guerre sainte, et à tous les pays soumis à son autorité en fait de ports et de points de la côte renfermant des bancs de corail, avait pour objet la recherche du gain par la pêche et par tout autre moyen, conformément aux conventions arrêtées et conclues. En conséquence, la (ville) bien-gardée d'Alger d'occident et tous les guerriers de l'Islam, champions de la guerre sainte, placés sous son commandement, se trouvaient dans l'obligation par le fait du prince de l'Odjak de maintenir cet état de choses, de pourvoir à tous les besoins et d'assurer l'exécution de toutes les stipulations, importantes ou minimes, conformément aux conventions arrêtées, dans toute l'étendue du royaume, ainsi que le portait le firman impérial. Au bout d'un certain temps, par les décrets du Dieu Très-Haut, des mésintelligences éclatèrent entre la France et Alger. Combien de fois des traités de paix faits avec sincérité furent mis à néant après une durée bien courte[1]! Par suite, les relations furent interrompues entre les deux parties. Telle était la situation avant ce jour. Actuellement, le Dieu Glorieux et Très-Haut, par l'effet de son assistance, à laquelle il n'est point de limites, a amené le rétablissement de la paix sur les anciennes bases, et le renouvellement des anciennes conventions. En l'année 1100, dans les derniers jours du noble mois de hidja[2], il fut notifié que notre Padicha avait renouvelé sur les anciennes bases les relations de paix avec le roi des rivages de France. Cette notification fut faite au Divan honoré d'Alger, boulevard de la guerre sainte, en pré-

---

[1] Les ruptures étaient toujours le fait des Ottomans, poussés par leur brutalité, leur rapacité et leur haine des Chrétiens.

[2] Du 6 au 14 octobre 1689. Il s'agit évidemment du traité de paix du 24 septembre 1689, négocié par Guillaume Marcel, commissaire de la marine.

sence du pacha et du généralissime des
troupes de l'Islam, le fortuné et heureux
El Hadj Chaban Dey (que sa vie se pro-
longe !), et aussi en présence des chefs des
troupes et de tous les champions de l'Islam,
lesquels conclurent la paix et le rétablissement des bonnes relations, conformément à
ce qui était précédemment stipulé, et cela
parce que la paix est un bienfait et la meil-
leure des solutions, après avoir pris connaissance des lettres produites par le consul
français et avoir vérifié la validité de son
mandat, et aussi après l'avoir fait compa-
raître devant le Divan. De même, à Alger
la guerrière, en présence du fortuné et honoré Dey et des chefs des troupes, les
anciennes stipulations relatives au commerce
ont été rétablies telles qu'elles existaient,
ainsi que cela est ordonné et recommandé;
en sorte que les marchands français auront
la libre et entière disposition dudit Bastion
et y feront leurs opérations. En conséquence,
le premier jour de choual le magnifique de
l'année 1105 [1] ont été mis à exécution ce
traité et le payement de la lezma [2] par les
soins du plus élevé des chefs des commerçants accrédités, lequel s'appelle *Anet Kezal*
et agit en vertu d'un mandat du roi de
France, constaté par un rescrit dont il est
détenteur et qui l'investit de la direction des
affaires du Bastion. Et cela après que ledit, ayant comparu devant le Divan, eut
échangé des pourparlers avec lui et pris
part aux débats qui ont eu pour résultat le
maintien strict des anciens errements. Tout
cela a été parfaitement saisi et compris;
tout est clairement établi, notoire et contra-
dictoirement convenu. Désormais, l'amitié

[1] 26 mai 1694. La date du traité est antérieure, ainsi qu'on le verra plus bas.

[2] Payement obligatoire, redevance, tribut. Nos nationaux en avaient fait le mot *lézma*, qui semble pourtant aussi difficile à prononcer que le mot *lezma*. On verra plus loin qu'un délai de six mois avait été accordé pour l'exécution des charges pécuniaires stipulées dans le traité.

et les bonnes relations sont renouvelées de la manière la plus étendue et la plus sincère. Telles sont les bases du traité de paix. Toutes les stipulations arrêtées sont parfaitement comprises par les parties contractantes, qui les ont pesées et en acceptent les conséquences. Si les commerçants ont une réclamation à adresser au Divan des troupes, elle sera examinée promptement et accueillie sans négligence, s'il y a lieu. Tel est notre traité de paix, qui a été rédigé et écrit et dont ceci est la teneur.

ARTICLE PREMIER.

Nous déclarons Pierre Hély et sa Compagnie nommés et advoüés de l'Empereur de France pour la pesche du coral et autres négoces, propriétaire incomutable desdittes places du Bastion de France, La Calle, Cap de Roze, Bonne et autres places en dépendantes, excluant dès à présent et à toujours toutes autres personnes d'y prétendre ny d'y faire aucun commerce sans son aveu et permissions expresses.

ARTICLE PREMIER.

Par l'assistance du Dieu Glorieux et Très-Haut, à partir de ce moment est accordée une liberté d'opérations pour les ventes et les achats, conforme aux anciens usages. au Bastion, à La Calle, à Bône, à Bougie et à Collo, tous ports dépendant du boulevard de la guerre sainte, Alger d'occident la victorieuse. Une autorisation est accordée à ce sujet par notre Divan à notre sincère ami le roi de France. Il convenait, en effet, d'assigner aux commerçants français des lieux pour effectuer leur négoce et tout cela est parfaitement expliqué et compris. C'est pour arriver à ce résultat que le susnommé Annet a exposé leurs besoins en présence de tous, ainsi qu'il a été dit, et que tous les anciens règlements relatifs aux négociants français ont été rétablis intégralement et dans tous leurs articles. La faculté de vendre et d'acheter est absolument et formellement interdite à toute autre nation; elle est exclusivement réservée aux négociants français, qu'on ne pourra forcer à la partager avec qui que ce soit, et auxquels on ne pourra opposer ni obstacles ni empêchements. En foi de quoi le présent a été rédigé.

ARTICLE DEUXIÈME.

Il est deffenden à tous capitaines de nos

ARTICLE DEUXIÈME.

S'il plaît à Dieu le Miséricordieux,

vaisseaux, galères, et tous autres bastiments, de donner aucun empeschement ny
de faire aucunes visites à tous ceux qui
yront au dit Bastion ou places en dépendantes ayant passeport de l'admiral de
France, et au retour celluy du gouverneur
du dit Bastion, ny aux batteaux qui seront
employés à la ditte pesche du coral; et arrivant que l'on y contrevienne, seront les dits
bastiments, gens, argent et autres marchandises relaschées, à la réquisition de
l'agent du dit Hély en cette ville.

(Paraphe.)

attendu qu'il existe actuellement une réunion de négociants au Bastion et à La Calle,
nos navires de guerre, galères, frégates et
autres, n'inquiéteront en rien, soit en mer,
soit dans les baies, soit dans les ports, au
départ ou à l'arrivée, les bâtiments français et les bateaux corailleurs, et ne s'oppo-
seront ni à leur entrée ni à leur sortie,
chacun d'eux étant libre de poursuivre son
chemin à la condition d'être muni d'un
passe-port émanant du commandant (koptan) du Bastion et de La Calle, et indiquant
sa destination. Quand il aura été pris
connaissance de cette pièce, le bâtiment ne
sera atteint par aucun préjudice et nul ne
pourra s'immiscer dans ses affaires. Quand
bien même un navire ou un bateau corail-
leur serait dépourvu de passe-port, il ne
doit subir aucun mauvais traitement. Il est
spécialement défendu d'assaillir ou d'envahir
des navires ou des bateaux corailleurs munis de passe-port, ainsi que cela vient d'avoir
lieu par le fait de nosdits bâtiments, qui
ont commis des violences sur des hommes,
les réduisant en esclavage et mettant leurs
richesses au pillage, comme cela a été exposé
en son lieu, ce qui a occasionné des réclamations de la part de leur représentant à
Alger, boulevard de la guerre sainte, lesquelles ont amené la restitution intégrale du
navire et des objets, et la délivrance des
prisonniers, procédé qui serait toujours
suivi en pareil cas. En foi de quoi le présent
a été rédigé.

ARTICLE TROISIÈME.

Et attendu que le dit Bastion, La Calle et
Cap de Rose sont fort deslabrés et abandonnés, il luy sera permis de les réparer
et remettre en leurs premiers estats, et de
prendre sur les lieux tout ce qui luy sera
nécessaire pour cella. Et d'autant qu'un

ARTICLE TROISIÈME.

Les constructions élevées jadis au Bastion, à La Calle et à Kapou Zern, étant
restées abandonnées et inhabitées, se sont
écroulées ou menacent ruine; il convient
donc de les relever, et c'est le but que se
propose la réunion de commerçants fran-

87.

moulin à vent ne suffit pas pour faire les farines nécessaires à la subsistance des places, parce que les vents de terre manquent souvent, nous permettons à la ditte compagnie de faire bastir un moulin sur chasqu'un des monts du dit bastion et de La Calle, lesquels elle faira encindre d'une muraille pour empescher les insultes que les Maures du pays y pourroient faire.

(Paraphe.)

çais établie au Bastion. Il est permis de remettre dans leur état primitif les bâtiments du Bastion. de La Calle et de Kapou Zern, de les occuper et de les mettre en exploitation, d'y envoyer des outils et de les garnir du matériel nécessaire en faisant pour cela les achats nécessaires aux détenteurs des objets dont le besoin se fera sentir. Ce qui existait auparavant ayant été détruit, il convient de faire les restaurations exigées par une nouvelle exploitation. Les susdits sont donc fondés à exécuter ces travaux sans qu'aucune autre nation leur soit associée et sans qu'il leur soit opposé aucun empêchement ni aucun obstacle. Pour mettre les gens du Bastion à même de pourvoir à leurs besoins, en ce qui concerne leur nourriture, et de se procurer la farine qui leur est nécessaire, il leur a été accordé l'autorisation de bâtir un moulin dans un lieu que son exposition aux vents rend propre à cet usage, mais cet emplacement n'avait pas été spécialement désigné. Actuellement est accordée l'autorisation de placer cette bâtisse sur le chemin qui est dans la partie supérieure de la montagne du Bastion et au-dessus de La Calle, ainsi que c'est l'usage, ce nouveau moulin étant nécessaire à l'exploitation. Pour assurer la conservation de cette bâtisse, il sera construit, avec la terre propre aux constructions, un rempart qui l'entourera et déterminera son enceinte. Cela est convenable et il ne conviendrait pas de ne pas exécuter cette construction. En conséquence, autorisation entière et complète est accordée à ce sujet à la réunion de négociants français installée au Bastion, et, en vertu de cet ordre, ils pourront effectuer ces travaux sans qu'on puisse leur associer d'autres nations ni leur opposer aucun obstacle ni empêchement. En foi de quoi le présent a été rédigé.

ARTICLE QUATRIÈME.

Arrivant quelques différents ou guerre entre les Maures qui empeschent le dit Hély d'avoir du bled pour nourrir les gens qui sont dans les dittes places, il luy sera permis d'en prandre à Bonne et autres lieux de ce pays en les payant au prix courant, et d'en envoyer tous les ans deux barques en France pour la nourriture des femmes et enfants de ceux qui sont à son service pour la ditte pesche du coral et négoce.

(Paraphe.)

ARTICLE QUATRIÈME.

Si par la puissance divine, par les décrets du Dieu Très-Haut, la disette est envoyée aux habitants de cette contrée bien-gardée, les négociants autorisés à habiter au Bastion et à La Calle auront droit à leur nourriture de chaque jour et aux vivres pour provisions. Quelle que soit leur rareté, le blé et les autres vivres existants seront partagés entre les Arabes et les habitants du Bastion, selon les besoins de chacun, sans qu'ils cherchent réciproquement à se les attribuer exclusivement. Les conflits, les querelles et les rixes sont défendus. Une réunion de commerçants étant fixée au Bastion avec ses agents, ces gens ont droit à la nourriture qui leur est nécessaire, ainsi que cela était prévu par les anciennes stipulations. Ils peuvent acheter à Bône et dans ses environs une quantité de biscuits, de vivres, de blé, proportionnée à leurs besoins, et cela d'après les prix courants du marché où ils se présenteront. Aucune autre nation ne peut leur être associée; on ne doit leur opposer aucun obstacle; aucun préjudice ne doit les atteindre. — Conformément à l'ancien usage et aux nouvelles stipulation, les commerçants du Bastion pourront envoyer en France, chaque année, deux *chitia*[1] chargées de blé destiné à la nourriture de la famille, des épouses et des parents qu'ils ont dans leur pays. Cet envoi aura lieu sans opposition. Aucune autre nation ne peut leur être associée et on ne doit pas leur susciter d'obstacles. En foi de quoi le présent a été rédigé.

ARTICLE CINQUIÈME.

Il sera payé à l'aga de Bonne trois mille pataques par an en six payements esgaux.

ARTICLE CINQUIÈME.

Voici ce qui est actuellement dit et constaté. D'après les anciens règlements, le

[1] Barques ou gaettes, navires dont la mâture offrait un mélange de voiles carrées et de voiles latines.

Et le premier commencera en mesme temps que celluy d'Alger, toutes Reconnoissances aux chefs seront payées comme du temps du sieur Sanson, cessant toutes les *Introduonances* faites despuis. Et ne pourra le dit aga, cayd ni autres aller audit Bastion sans l'ordre exprès du Divan d'Alger.

(Paraphe.)

caïd de la ville de Bône touchait tous les deux mois, en vertu des stipulations, une redevance s'élevant à la somme de cinq cents rials. Actuellement, il n'en est plus ainsi et il ne doit plus rien être remis au caïd de la ville de Bône, fût-ce une obole, fût-ce un grain de moutarde. Il est bien entendu qu'à l'avenir le versement convenu, fait tous les deux mois et dont le montant est de cinq cents rials, sera effectué entre les mains de l'aga de la garnison de la ville de Bône, qui en fera la perception entière. Telle est la marche tracée par le traité. Il y aura donc dans une année, depuis son premier jour jusqu'à son dernier, six payements qui produiront une somme totale de trois mille rials, lesquels seront versés intégralement avec exactitude et ponctualité, sans qu'il soit besoin de les réclamer. Quant à la lezma (redevance) destinée à Alger, elle sera versée à l'époque fixée, d'une manière complète. En dehors de tout cela, toute autre demande sera écartée. Les *aouaïd*[1] qu'il était d'usage d'allouer aux cheikh du temps du Koptan Semsoum (capitaine Sanson) sont maintenus et continueront à être payés, aux lieux et époques ordinaires, suivant la coutume ancienne. Mais les prétentions qui s'étaient produites postérieurement et qui avaient innové et créé des redevances non prévues et en dehors de toutes les conventions, sont mises à l'écart et déclarées nulles et sans valeur. Quiconque sera muni d'un ordre ou d'un firman émanant du Divan des troupes, que ce soit le caïd de la ville de Bône ou tout autre, pourra pénétrer dans l'établissement des commerçants du Bastion. Mais l'accès en est formellement interdit à ceux qui ne seront pas munis de pareils ordres ou écrits. Des

---

[1] Payements fondés sur l'usage, étrennes, gratifications.

ordres et des avertissements ont été donnés dans ce sens. En foi de quoi le présent a été rédigé.

ARTICLE SIXIÈME.

Il ne sera payé au dit Bonne aucun droit d'entrée ny de sortie; deffendons à tous les habitans de vandre à autre qu'au dit Hély, cire, cuirs, laynes, suifs, uy autres marchandises, non plus que les cuirs des agats des zouavy qu'il payera comme du temps de Sanson, ny les cuirs tanés qui resteront après la provision de la ditte ville, à peyne de confiscation au proffit de nostre douane; ses batteaux pourront charger des couscoussous et autres provisions pour les habitants des places; pourra y tenir un Prestre pour y dire la Sainte Messe, ainsy qu'au Bastion, La Calle et Cap de Roze, changer ses agents et commis et généralement faire toutes choses comme du temps de Sanson.

(Paraphe.)

ARTICLE SIXIÈME.

Exemption est accordée de tous droits de douane dans la ville de Bône, et de tous les prélèvements coutumiers : ils ne seront exigés en aucune circonstance. Si un navire appartenant à une nation autre que celle desdits commerçants, entre dans l'un des ports susdésignés pour y charger du miel, de la cire, des peaux et autres marchandises, il est expressément interdit de lui livrer, par vente ou autrement, une seule charge de ces objets, étant bien entendu et formellement reconnu et stipulé que le droit d'en trafiquer est exclusivement réservé aux négociants français. Également, l'amin [1] des tanneurs se conformera pour la vente des peaux à ce qui avait lieu du temps du défunt capitaine Semsoum (Sanson), et les livrera à des prix exempts de discussion. Actuellement, il est nécessaire de bien définir ce qui est relatif aux peaux. Lorsque les gens de métier seront suffisamment approvisionnés, et que les besoins de la localité seront satisfaits, au moyen de transactions, les peaux restant disponibles, que cet excédant soit considérable ou peu important, ne seront vendues à nul autre qu'auxdits commerçants ainsi qu'il a déjà été dit. Le négoce desdites marchandises est réservé aux commerçants français. Si des contraventions sont commises à l'ancien usage et à ce traité de paix, par la vente de marchandises à des négociants d'une autre nation, aussitôt que la nouvelle en parviendra et que le fait aura été reconnu, les marchandises vendues seront acquises à l'État

[1] Syndic ou chef de corporation.

sans que leur propriétaire puisse former aucune réclamation. — Les commerçants du Bastion et leurs gens ont rigoureusement droit aux vivres nécessaires à leur existence; de même, ils sont fondés, d'après les anciens usages, à prendre une quantité d'eau suffisant à leurs besoins, et à la transporter au moyen de leurs embarcations, sans que personne s'y oppose ou y apporte des obstacles et des empêchements en aucune circonstance. Également, s'il leur plaît d'avoir un prêtre avec eux, dans la ville bien gardée de Bône, à La Calle et à Kapou Zern, nul ne s'y opposera ni y apportera des obstacles. En ce qui concerne leurs agents, tous les gens à leur service et leurs représentants, ils pourront à leur gré les confirmer et maintenir dans leurs emplois, ou les remplacer sans que nul ait à y redire ni à s'y opposer, leurs affaires ne concernant qu'eux seuls sans que personne ait à s'y immiscer ni à les scruter en aucune circonstance. Telle était leur situation du temps du défunt capitaine Sanson, et elle est maintenue en tous points par ces stipulations. Telle est la marche qui doit être mise à exécution. En foi de quoi le présent a été rédigé.

ARTICLE SEPTIÈME.

Il est permis au dit Hély de faire pescher le coral au Bastion, la Calle, Cap de Roze, Bonne, le Colle[1], Gigery et Bougie sans qu'on luy puisse donner aucun empeschement, mais luy sera donné ayde, assistance, et fourny les vivres et autres choses dont il aura besoin, en les payant aux prix courants.

(Paraphe.)

ARTICLE SEPTIÈME.

Voici la marche évidente qu'il trace. Actuellement une réunion de négociants français est installée au Bastion et à la Calle. Ils étaient précédemment autorisés à faire pêcher le corail au Bastion, à la Calle, à Kapou Zareu, à Bône, à Collo, à Gigelli et à Bougie. Cette autorisation leur est accordée de nouveau et renouvelée en tous points, sans qu'en aucun cas ils puissent être contrariés par l'immixtion d'aucune nation. En toutes circonstances ils auront

---

[1] Cette forme rend mieux que notre *Collo*, le nom arabe *El Koll*.

Le caïd du Colle prendra pour tous droits dix pour cent dessus l'argent que le dit Hély envoyera au dit lieu pour achepter les cuirs et les cires et les cuirs despendant du bey de Constantine, moyennant quoy est expressément deffendu au dit cayd de prendre aucun autre droit. Et à tous les marchands qui apporteront vandre des cires, de les falsiffier ny les vandre, non plus que les cuirs et autres marchandises à aucuns Maures ny chresticns, mais seulement au dit Hély, d'autant que cella est contre la bonne foy de nostre parolle. Et y contrevenant seront les dittes marchandises confisquées au proffit de nostre doüane, ordonnant par exprès au dit cayd et à l'aga du dit Colle de tenir la main à l'exécution du présent article à peyne d'en respondre en cas de plainte du contraire de la part du dit Hély.

(Paraphe.)

obligatoirement droit à l'assistance, tant à l'intérieur qu'à l'extérieur, et ils ne rencontreront jamais d'opposition. Ils sont également autorisés à acheter ce qui est nécessaire à leur nourriture en fait d'aliments et de boissons. Tous les objets dont ils auront un besoin pressant leur seront immédiatement livrés au prix courant. En foi de quoi le présent a été rédigé.

Les embarquements de peaux et de cire qui ont lieu dans la ville bien-gardée d'El Koll (Collo) relèvent du bey de l'Est. Lorsqu'un navire entre dans ce port pour y prendre un chargement, le caïd qui est en fonctions dans ladite ville perçoit sur les fonds qui sont apportés pour faire ces achats un droit de dix rials par cent rials, conformément à l'ancien usage qui fixe à un dixième le droit à prélever sur un pareil capital. Désormais sont abolis et défendus les droits coutumiers que le susdit s'était créés en sus du dixième; il ne pourra adresser aucune réclamation à ce sujet ni demander un supplément, fût-il d'une obole. De même, un avis sévère est adressé et réitéré au sujet des mélanges que subissent la cire et les matières grasses livrées aux négociants. Dans la livraison de ces marchandises comme dans celle des denrées destinées à leur nourriture, il faut obligatoirement se garder de commettre des falsifications et des fraudes. Les achats de peaux et de cire dont il vient d'être parlé ne peuvent être effectués que par lesdits négociants et jamais par les gens d'une autre nation, qu'ils soient musulmans ou chrétiens. Nous insistons sur ce point dans les stipulations, car il a été accordé en pleine connaissance de cause, et nous entendons qu'il n'y soit point contrevenu. — Par chaque quintal de cire qu'achèteront les négociants français, ils payeront un rial d'impôt à l'Odjak (la Régence). Si une vente est consentie à d'autres qu'eux, ce sera une infraction à notre présent traité. Nous avons déjà donné des avis à ce sujet d'une manière claire et réitérée, et tel est notre désir formel dans le Divan des troupes. Celui qui n'usera pas d'obéissance et de soumission envers notre ordre et commettra une infraction en consentant des ventes à d'autres nations, aura ses marchandises prises et saisies au profit de l'État (Beylik), aussitôt que la fraude sera connue. Nos présentes injonctions s'adressent particulièrement au caïd de la ville bien-gardée d'El Koll (Collo). Il est du devoir de nos agents de faire mettre ces stipulations à exécution. C'est pour obtenir ce résultat que nous leur adressons nos ordres et nos firmans, et ils doivent veiller à ce que nos prescriptions soient exécutées. Des plaintes contre cet état de choses ont été faites par lesdits négociants du Bastion, en présence de Feza-Ali. Actuellement le caïd susdit et l'aga de la garnison sont responsables de la mise à exécution des instructions qui leur ont été adressées, et de nouvelles et pressantes recommandations leur sont faites.

ARTICLE NEUVIÈME.

Que sy, par malheur, il arrivoit quelque différand qui causât rupture de Paix avec l'Empereur de France, ce que Dieu ne veuille, le dit Hély ne sera point inquietté ny recherché dans son establissement, n'entendant point mesler une cause particulière avec la généralle, ni les affaires d'Estat avec le négoce, qui s'introduit et s'exerce de bonne foy. Mais seront le dit Hély et ses commis, comme nos fermiers et nos bons amys, maintenus en paisible possetion et jouissances du dit Bastion et places despen-

ARTICLE NEUVIÈME.

La rédaction du présent concerne ce qui suit. Si des mésintelligences éclatent avec la France (qu'à Dieu ne plaise!), notre paix et nos arrangements ne seront point troublés, ni détruits, ni modifiés en aucun cas. Aucun préjudice, fût-il du poids d'un grain de millet, ne viendra atteindre aucun des membres de la réunion de commerçants installée au Bastion. Nul n'aura le pouvoir de leur porter atteinte en aucune circonstance. Les marchands sont, en effet, en dehors des affaires des souverains et les

dantes, attendu le grand avantage qu'il en revient à la paye des soldats et à tous les autres habitants de ce Royeaume.

(Paraphe.)

différends des gouvernements ne sauraient les concerner. La perpétration de sévices contre des entreprises qui profitent à tous est prohibée et ne saurait être admise. Lesdits négociants doivent jouir de la sécurité à tous instants et il est de notre devoir de veiller sur eux en tout temps et de la manière la plus complète, à cause des bénéfices qu'ils nous procurent. L'établissement formé par ces négociants a été valablement et formellement autorisé par le Divan des troupes, et toutes les créatures en retirent des profits par le négoce qu'il occasionne. Anciennement, le noble palais[1] trouvait de grands avantages dans ce commerce par la perception de parts déterminées, et il en est de même aujourd'hui. En conséquence, leurs opérations étant profitables à tous, il est formellement interdit de leur faire subir la moindre avanie en aucune circonstance. En foi de quoi le présent a été rédigé.

ARTICLE DIXIÈME.

Il est permis au dit Hély d'envoyer tous les ans deux barques en cette ville pour y faire négoce, lesquelles il pourra ensuite envoyer charger au Bastion et à La Calle ou autre lieu de la Coste, sans qu'on le puisse contraindre à prendre des cuirs ny des cires des fondouks ny autres marchandises contre sa volonté.

(Paraphe.)

ARTICLE DIXIÈME.

D'après les conventions arrêtées et les anciens usages, les négociants du Bastion peuvent envoyer chaque année deux barques à Alger la bien-gardée (par Dieu), auxquelles il sera permis de vendre et d'acheter tous les objets nécessaires et d'encaisser le produit des ventes. Pour que ces deux barques puissent entrer ainsi à Alger et en sortir, il est obligatoire qu'elles viennent du Bastion, de La Calle ou de tout autre port de cette côte. Elles sont autorisées à faire des achats de peaux, de cire et d'autres marchandises, en proportion de leurs besoins, mais sans qu'on puisse jamais les y contraindre ni forcer leur bon plaisir. Ces transactions seront exemptes de vexations et de contraventions. En foi de quoi le présent a été rédigé.

[1] L'édifice occupé par le pacha, le siége du gouvernement, et par suite l'État.

ARTICLE ONZIÈME.

Moyenant les dittes permissions et privilèges que nous accordons au dit Hély, nous delfendons à tous autres d'aller dans les dittes places sans son consantement, à la charge qu'il payera à nostre Divan trentequatre mille doubles d'or par chasque année en six payemens esgaux qui se feront de deux en deux mois, au moyen de quoy nous promettons de le maintenir en paisible possetion et jouissances du dit Bastion et places en dépendantes.

(Paraphe.)

ARTICLE ONZIÈME.

Les négociants du Bastion et leurs gens ont obtenu de nous la satisfaction de leurs désirs et des conditions conformes à leurs demandes, ce qui a été authentiquement constaté et a fait l'objet d'ordres exécutoires. Ils sont donc traités selon leurs vœux et il a été expressément interdit de leur associer aucune autre nation. En échange de ces concessions et pour prix de leurs établissements, ces négociants serviront de deux en deux mois, ce qui portera les versements d'une année entière à six versements qui seront faits avec ponctualité et sans difficultés, conformément aux stipulations du traité. Nos promesses sont sincères et la protection que nous accordons est efficace. Ils payeront tous les deux mois un sixième de la redevance annuelle et les versements seront faits sans difficultés, s'il plait à Dieu le Miséricordieux. A la fin de l'année, ces versements produiront un total de trentequatre mille saïmes, exigibles en boudjous. Cette redevance sera versée intégralement et ponctuellement au Palais; elle est rigoureusement obligatoire et formellement stipulée. De même, les négociants du Bastion et leurs gens auront la libre jouissance de leurs établissements au Bastion et à La Calle; la satisfaction de leurs besoins nous incombe, ainsi que la sauvegarde de leurs intérêts et l'expédition de leurs affaires; ils sont sous notre garde et sous notre protection; nos promesses sont sincères et leur valeur est certaine; elles sont formulées et établies par un libellé catégorique et notoire. En foi de quoi le présent a été rédigé.

ARTICLE DOUZIÈME.

L'argent et le coral qui sera envoyé à Alger par le dit Hély pour payer les dismes et tributs ne seront subjets à aucuns droits.

ARTICLE DOUZIÈME.

Les envois de corail et autres objets faits à Alger la bien-gardée, par lesdits négociants, seront exempts de toutes dîmes et

non plus que ce qui sera envoyé en cette ville pour la subsistance de son agent, et luy sera permis de changer tant celluy d'Alger que les autres, qu'il mettra aux autres places quand il le trouvera à propos, sans qu'on lui en puisse empescher pour quelques raisons que ce puisse estre. Il est deffandû à tous les dits agents d'emprunter de l'argent pour quelque cause que ce soit.

(Paraphe.)

de tous droits de douane. Également, sera admis en franchise ce qui est envoyé pour sa nourriture et ses besoins à l'agent du Bastion en résidence à Alger, que ce soit de l'argent ou toute autre chose. Une réunion de commerçants est installée et elle doit être traitée de la manière la plus favorable. Ces négociants pourront changer et remplacer leurs agents et représentants sans que nul, quelle que soit sa nation, puisse s'en mêler, y apporter le moindre empêchement, ni s'immiscer en rien dans leurs affaires. Il est interdit de faire le moindre prêt aux gens des représentants, fût-il d'une obole ou d'une graine de moutarde. Celui qui fera un pareil prêt n'aura rien à réclamer, ne pourra en aucun cas exercer son recours contre le représentant et sera privé de demander une incarcération. Notre ordre est formel et nous donnons des avertissements éclatants, exprès, réitérés. En foi de quoi le présent a été rédigé.

ARTICLE TREIZIÈME.

Et voulant bien gratiffier et reconnoistre les peynes et soins que nostre cher amy le sieur Annet Caisel, agent du dit Hély, lequel a longuement et très-vertueusement travaillé pour le restablissement du dit négoce et pesche du coral dans toutes les places énoncées au présent traitté, Nous accordons tant au dit Caisel qu'à la ditte Compagnie cinq mois de franchises sans qu'il soit payé par le dit Hély ny les siens pendant ce temps aucune disme à nostre Divan, à l'aga de Bonne, ny au cayd du Colle, mentionnés au présent traitté, lesquels commansent à courir cejourd'huy premier janvier 1694 et finiront le dernier du mois de may de la mesme année. Pour cest effet, nous en déchargeons le dit sieur et sa Compagnie dès à présent et promettons le faire descharger

ARTICLE TREIZIÈME.

Nous avons conclu une paix et un arrangement pour en retirer des profits, nous procurer de bonnes relations, et nouer des rapports d'amitié avec le Padicha du royaume de France. Pour parvenir à ce but, il est arrivé auprès de nous un des grands personnages de France, l'honorable chef des négociants du Bastion *Moncel* (Monsieur) *Ber* (Pierre) *Ali* (Hély), porteur de lettres du Padicha de France, qui a comparu devant le Divan des troupes et a exhibé une délégation authentique pour le Bastion, et tout cela par l'intermédiaire de l'affectionné *Anet Kezal* (Annet Caisel) qui s'est occupé de cette affaire, est venu et a conclu. Le Divan des troupes leur a accordé la libre jouissance du Bastion et de La Calle, sans délais ni difficultés, pour leur être agréable.

par le bey de Constantine, l'aga de Bonne
et cayd du Colle, sans qu'ils puissent estre
troublés pendant ce temps. Et après que les
dits cinq mois seront passés, le dit Hély sera
obligé de payer les dismes à nostre Divan,
à l'aga de Bonne et cayd du Colle aux
termes portés par le présant traitté.

(Paraphe.)

En sorte qu'ils ont droit à une protection
exempte de négligence, soit de la part du
noble Palais, soit de la part du bey de l'Est
en ce qui concerne l'aga de Bône et le caïd
d'El Koll. Ce traité embrasse tout et est
commun à tout. La lezma (redevance) dont
il a été parlé n'est exigible qu'à partir du
premier jour du mois de choual. Pour le
moment, ils n'ont rien à payer. A partir
d'aujourd'hui jusqu'au moment où expirera
une période complète de cinq mois, ledit négociant Anet Kazel est exonéré de tout payement. De même, le Divan respecté des troupes
a prononcé la remise totale de tout ce qui
pourrait être dû par les négociants du Bastion pour leurs anciennes affaires. En ce qui
concerne l'exonération durant une période
de cinq mois qui finira le premier jour de
choual, elle est complète; on ne pourra
rien leur demander, fût-ce une obole ou une
graine de moutarde, en aucune circonstance,
qu'il s'agisse soit de la lezma (redevance) du
noble Palais, soit du bey de l'Est en ce qui
concerne les droits légaux de l'aga de la
ville de Bône et ceux du caïd de la ville
d'El Koll. Lesdits négociants n'auront rien à
verser pour ces objets pendant la durée de
ces cinq mois, fût-ce une obole ou une
graine de moutarde. Aucune demande ne
pourra leur être adressée en quoi que ce
soit qu'après l'expiration dudit délai qui
leur a été accordé sincèrement et qui prend
fin le premier jour de choual le grand de
l'année mil cent cinq. Le susdit Annet Kazel
est actuellement installé au Bastion et à La
Calle, avec une réunion de négociants et a
conclu le renouvellement des anciens traités, soit en ce qui concerne le Palais, soit
en ce qui concerne le bey de l'Est relative-
ment à l'aga de la ville de Bône et au caïd
de la ville d'El Koll (Collo). Le versement
desdits droits est obligatoire et formellement

stipulé. En foi de quoi le présent a été
rédigé.

ARTICLE QUATORZIÈME.

Fait double et publié en la maison du
Roy, le Divan général assamblé, où estoient
les très-illustres et magnifiques Seigneurs
Moustafa Bacha, Agy Chaban Dey, le mufty,
le cady des Turcs et celluy des Maures, l'aga
de la milice, les gens de la loy, de justice
et de guerre, et le sieur Caisel, le premier
jour de Janvier mil six-cent-quatre-vingt-
quatorze et de l'Égire le quatre de la lune
de Juma-Zevel (djoumada el-ouel) de l'an
mil cent-cinq. En tesmoing desquelles
clauses les dits Seigneurs dey, aga et cayd
de la milice et le dit Caisel ont soubscrits le
présant traitté de leurs noms et à icelluy
fait imprimer leurs cachets ou tapes ordinaires. Et sy quelqu'un contrevient au présant traitté il sera chastié rigoureusement
pour servyr d'exemple et réputé rebelle
aux ordres du Grand-Seigneur et aux
nostres, parce que telle est nostre volonté,
le dit jour et an sy-dessus.

(*Signature.*) CAISEL. (Cachet.)

ARTICLE QUATORZIÈME.

Notre présent traité de paix a été dressé
en double à Alger la bien-gardée, dans le
noble Palais, en présence du Divan respecté. Il a été lu en présence du fortuné
dey, l'honorable El Hadj Chaban; tous les
ulémas, les gens de bien et le Divan des
troupes victorieuses assistaient à l'assemblée,
ainsi que le susnommé négociant du Bastion *Moncel Anet Kazel.* Les dispositions du
traité ont été arrêtées et rédigées en présence de Sa Seigneurie, le fortuné dey respecté et de Moncel Anet Kazel. Ces stipulations ont été lues en leur présence et, après
cette lecture, ils les ont revêtues de leur
cachet. Notre présent traité assure donc la
sécurité et la tranquillité. Quiconque entre-
prendra de l'altérer, ou commettra une con-
travention en quoi que ce soit, encourra un
châtiment rigoureux. Ceci est une convention authentique, elle est exécutoire dans
toute sa teneur pour les deux parties contractantes. Et le salut! Écrit à la date de
la nouvelle lune de Djoumada premier de
l'année mil cent cinq 1105 [1].

(*Signature.*) Le pur et sincère, gouverneur (ouali) actuel de la ville bien-gardée
d'Alger d'occident, boulevard de la guerre
sainte. (Empreinte d'un sceau dans lequel
on lit : *El Hadj Chaban.*)

Celui qui est investi de la royauté (sahab
eddoula), El Hadj Ahmed Dey à Alger
d'occident la bien-gardée. (Empreinte d'un
sceau dans lequel on lit : *El Hadj Ahmed.*)

ARTICLE QUINZIÈME.

Despuis l'Hotboman sy contre fait, nous

ARTICLE QUINZIÈME.

A partir de ce moment, la libre jouis-

Cette date est comprise entre le 29 décembre 1693 et le 7 janvier 1694

aurious tenu un second Divan à la forte instance et sollicitation que nous en a faite le sieur Caisel, agent du dit Hély, à cause des debtes qui pourroient avoir estées contractées par ceux qui ont cy devant négociés aux places d'Alger, du Bastion, Cap de Roze, La Calle, Bonne, Staure (Stora), Le Colle, Gigery, Bougie et autres lieux de ce Royeaume, qui nous a fait connoistre, et dont nous sommes tous ensambles convenus de l'injustice qu'il y aurait de rendre Pierre Hély et ses assossiéz responsables des sommes qui pourroient estres deües par ceux qui ont cy devant occupés les dittes places, Nous, après plusieurs parolles et diverses explications de part et d'autre, le Divan général assemblé, sommes convenus avec le dit Caisel, stipulant pour le susnommé que toutes les debtes des sieurs Priquet (Picquet), Arnaud, Latour, Lalo, La Fontaine, Bertelot, Rebuty, Dusault et ses associéz, et généralement toutes celles qui auroient peu estre faites despuis que le Bastion et autres places ont estées données aux François, soit pour prest d'argent, dismes, droits, achapts de marchandises, loyer de maison, salaires ou usances, tant aux Turcs, Maures, juifs, que aux autres nactions qui puissent estres, sont de aujourd'huy esteintes et entièrement abolies en vertu du present, dans toute la dépendance de ce Royeaume, mesmes celles deües à nostre Divan s'il s'en trouve, sans qu'on luy en puisse faire aucune demande; et pour cest effect nous ordonnons à nos beys, agats et cayds de donner toute la protection nécessaire aux chrestiens du Bastion pour y faire leurs négoces sans aucun trouble et de faire exécuter ce traitté et articles en tout son contenu, estant nostre volonté, et que sans cella le dit sieur Caisel n'auroit pas traitté avec Nous.

Fait double et publié en la maison du

sance du Bastion accordée aux négociants doit être exempte de toute injustice et de toute vexation, car ils ont droit à la sécurité et à la tranquillité en toutes circonstances et d'une manière obligatoire. Devant le Divan respecté de Sa Seigneurie vénérable le fortuné et bienveillant pacha, auquel conseil assistaient les membres du Divan des troupes victorieuses, a comparu Moncel Anet Kazel, lequel a exposé l'injustice et les vexations qui se produisaient, et il en est résulté des débats et des discussions dont le résultat a été la cessation de cet état de choses, contraire à la sécurité et à la tranquillité. Autrefois des établissements avaient été formés au Bastion, à La Calle et à Kapou Zareu. Mais nous mettons à néant aujourd'hui tout ce qui se rattache aux opérations faites jadis par les anciens négociants et commandants au Bastion, à La Calle, à Kapou Zareu, à Bône, à Gigelli, à Bougie et à Collo. Tout ce qui est passé est passé et mort. Toutes les réclamations qu'on pourrait avoir à adresser auxdits négociants et auxdits commandants sont frappées de nullité. Sont interdits tous règlements de comptes et toutes actions et répétitions relatifs aux dettes contractées autrefois pour le Bastion, quelle que soit leur importance, et ces dettes ne pourront donner lieu à aucune poursuite. Il est formellement interdit d'importuner et de tourmenter à ce sujet les négociants et leurs agents, et de leur réclamer, violemment ou autrement, la moindre somme, fût-ce une obole ou une graine de moutarde. Il est défendu que ces gens soient en butte aux injustices, aux vexations et aux querelles pour de semblables motifs, et telle est la ferme intention du Divan des troupes. Voilà le résultat de la conférence qui a eu lieu entre les deux parties, et il est recommandé expressément

Roy, en présence des illustres et magnifiques Seigneurs nommés cy contre et dudit Caisel, le troisième janvier 1694 et de l'Égire le septième de la lune de Juuazavel. l'an mil cent cinq, et avons tous soubscrits le present et fait imprimer les cachets on tapes ordinaires, le jour et an cy dessus.

(*Signature.*) CAISEL. (Cachet.)

de ne pas enfreindre cette décision qui a été l'objet d'une stipulation authentique et formelle, dans laquelle notre parole est engagée. Il est évident, en effet, que les négociants d'aujourd'hui ne sont pas les mêmes que ceux d'autrefois. En résumé, aucune réclamation ne sera adressée aux gens de cette nation et ils seront à l'abri de toute discussion. Ces négociants doivent être garantis contre l'injustice et les vexations. Telles sont les conventions arrêtées et stipulées, après un débat contradictoire dans le Divan respecté où se trouvaient tous les chefs et les guerriers de l'Islam. Pour assurer l'exécution de cette convention, le présent a été dressé et, lecture en ayant été donnée aux deux parties, il a été déclaré obligatoire et exécutoire dans toute sa teneur. Et le salut ! Écrit le 3 du mois de djoumada premier de l'année mil cent cinq, 1105 [1].

Lorsque le traité de paix eut été remis aux commerçants du Bastion, la personne qui le portait fut rencontrée en mer par des Hollandais et faite prisonnière. Alors, *Moncel Ber Ali* (Pierre Hély) adressa de nombreuses lettres à *Moncel Anet Kazel*, agent du Bastion à Alger, pour le charger de demander au Divan une autre copie complète et textuelle du traité de paix, destinée à remplacer celle qui avait été perdue, vu la nécessité où se trouvaient les susdits d'être détenteurs d'un écrit constatant la teneur des conventions arrêtées. En conséquence un nouvel exemplaire a été dressé en conseil (Divan) et écrit le dernier jour du mois de kada de l'année mil cent six, 1106 [2].

[1] 31 décembre 1693. — [2] 12 juillet 1695.

[ADDITION DU 24 MAI 1767.]

La cause de cet écrit est que dans la présente année onze cent quatre-vingt, sur la fin de la lune zilhiguay (ce qui revient au 23-24 may 1767), Asmeny, agent du Bastion résidant à Alger, ayant cessé de l'être et Meifsan luy ayant succédé; sur ce que Annet Caissel, agent du Bastion longtems avant eux avoit établi un *avoïde* ou Droit, consistant en deux mille piastres courantes d'Alger pour Scarpa du Dey et six mille saïmes pour les quatre grands écrivains de la Régence, avoïde qu'il auroit réellement payé; Mehamet Pacha ben Osman, dey actuel d'Alger, et les quatre grands écrivains de la Régence d'une part, et Monsieur Vallière, consul de France, d'autre, sont convenus et ont arretté d'abandonner la forme dudit avoïde, établi par le dit Caissel; que ce qui est passé à cet égard soit passé, et qu'à l'avenir tout nouvel agent du Bastion ne sera soumis à d'autre avoïde lors de son arrivée qu'à celuy de la distribution ordinaire d'étoffes; et quant à l'avoïde de l'argent cy-dessus (montant à trois mille deux cents quatre-vingt-treize piastres courantes d'Alger), il ne sera payé que tous les dix ans, à compter de ce jour qu'il a été payé par le dit Meifsen, agent actuel, dont il est bien et valablement déchargé.

(*Signé*) VALLIÈRE. (Cachet.)

Les causes de la rédaction de cet écrit sont les suivantes. Dans les derniers jours du mois béni de hidja de l'année mil cent quatre-vingt, l'agent du Bastion, juif nommé Azmin (Asmeny), cessa de l'être et fut remplacé par le juif nommé Bou Ferin (Meifsin). Des documents établissaient la création du droit (*aouaïd*) suivant. Chaque fois qu'un changement d'agent aura lieu, il sera payé à Sa Seigneurie le Pacha, Mon Seigneur, un *aouaïd* de *bechmak* (étrennes pour souliers), s'élevant à deux mille boudjous, et aux écrivains chargés de la rédaction du passe-port, une somme de six mille saïmes en boudjous. Ledit Bou Ferin a payé ce qui est établi par lesdits papiers. Mais cette année bénie, le consul français appelé . . . . a présenté des observations sur cette coutume. Désormais, le remplacement de l'agent du Bastion ne donnera lieu qu'au versement de l'aouaïd du drap et l'aouaïd en numéraire ne sera exigible que tous les dix ans. Si un changement d'agent s'effectue avant l'expiration des dix années, il n'entraînera que l'aouaïd du drap. Quant à l'aouaïd en numéraire, il ne sera payé que de dix en dix ans à partir de cette année bénie, où le versement en a été fait à qui de droit. Cette convention a été inscrite ici afin qu'on ne s'en écarte pas et pour tel usage que de droit, sa teneur étant exécutoire. 25 de Hidja 1180.

(*Signature.*)

Le pur et dévoué, Mohammed dey, gouverneur (ouali) actuel d'Alger d'occident.

[ADDITION DU 23 JUIN 1790.]

. . . .
. . . .
. . . .
. . . .
piastres d'ici. de tr. . . . . ques
l'une . . . .
d'Affrique paioit chaque deux mois à la
Porte. . . . . dire au Palais du
Dey) : que ladite Compagnie. . . . .
. . . . . . : avec ses actiounaires, auroit ac-
quiescé à cette augmentation; en conséquence, le consul de France résidant auprès
de nous et le régisseur de la maison de
commerce des sieurs Gimon, agent de la dite
compagnie, se seroient présentés devant
Son Excellence Mohammed Pacha, et après
avoir conféré ensemble seraient convenu
que la ci-devant redevance de mille-deux-
cent-vingt-une piastres d'ici seroit abolie;
qu'elle seroit remplacée par une de quatre
mille cinq cent piastres d'ici, de trois
pataques chèques l'une, qui seront paiées
chaque deux mois; et qu'on continueroit,
en outre, de payer au Dey du Levant son
droit d'usage, de cinq cent piastres de Bonne
par chaques deux mois. La susdite convention a été faite de plein gré, des deux côtés,
et à la satisfaction de chacune des deux
parties, qui l'ont signée et bullée. Ecrit la
lune de chewal 1204 de l'Égire: de l'Ère
chrétienne le 13 juin 1790.

(*Signé*) DE KERCY. (Cachet.)

(*Signé*) PARET, agent de la Compagnie.

La rédaction du **présent** est due aux
causes suivantes. A la date du noble mois
de choual de l'année mil deux cent quatre,
un arrangement a été conclu entre la Régence d'Alger d'occident et la France. Le
fortuné Mohammed Pacha (que Dieu facilite
l'accomplissement de ses désirs et de ses intentions!), demanda aux négociants que la
redevance de douze cent vingt et un boudjous qu'ils payaient tous les deux mois au
noble Palais fût augmentée, attendu qu'elle
était trop faible. Les susdits se consultèrent
entre eux et des délibérations eurent lieu,
soit entre les membres de la Compagnie
(Koumbanya), soit entre les autres négociants. Après ces préliminaires, le consul de
France et le fils Djimoun (Gimon), agent
des négociants de France, se présentèrent
devant Sa Seigneurie, le fortuné Mohammed
Pacha, et eurent avec lui une conférence à
la suite de laquelle il fut décidé que l'ancienne redevance de douze cent vingt et un
boudjous tous les deux mois serait suppri-
mée et remplacée comme il suit. A l'avenir
seront versées une redevance (lezma) de
cinq cents boudjous tous les deux mois au
bey de l'Est, à Bône, et au noble Palais une
redevance de quatre mille cinq cents boudjous, tous les deux mois. Les deux parties
ont agréé cette convention qui a mis fin aux
pourparlers. En foi de quoi le présent a été
rédigé dans le mois de choual 1204 (du
14 juin au 12 juillet 1790).

(*Signé*.) Le pur et sincère Mir Miran
(prince des princes), Mohammed Pacha,
gouverneur (ouali) actuel d'Alger d'occident, la bien-gardée (par Dieu).

II.

TEXTE TURC ORIGINAL

TRANSCRIT

PAR M. PAVET DE COURTEILLE.

هذا عهدُ امان نامهٔ باستيیون

وقالى حالا تحريراً فى محرم الحرام

سنه ١١٠٥ [1]

سبب تحرير كتاب وخطاب مستطاب

بو درکه سابغا سنه ١٠١٥ تاريخلرى

وقتلرنده بوندن اقدم سلفده كجن

مرحوم ومغفور سعيد للحيات وشهيد

الممات سلطان احمد خان طاب ثراه

حضرتلرينك ايام سعادت انجاملرنده

واقع ينه فرانچه سواحلى ممالكى اولان

اربغو نام فرانچه قرالى ايله طرفين ده

اولان الفت وداد وحسن معامله

اتخاذندن پادشاهر سلطان احمد خان

حضرتلرى جانبندن متعقّد اولان خطّ

هايونلرى ايله امر وفرمان اولندوكى

اوزرينه حاليا مالك اولدقلرى اقاليم

ANCIENNE TRADUCTION

FAITE PAR M. DEVAL,

Consul général de France à Alger.

Voici le traité portant serment et sûreté du Bastion et de la Forteresse, aujourd'hui dans le mois de mouharrem el-haram l'an 1105 de l'Hégire (soit l'an de Grâce 1694).

Le sujet de cet écrit et la teneur de ces lignes sont ceux-ci. Précédemment, l'an 1015, sous le règne heureux de feu sultan Ahmet Khan, très-majestueux, dont la vie a été pleine de gloire, et dont la mort a été édifiante, les paroles gracieuses et les aimables procédés de la part de Sa Majesté Henry, roi de France, souverain des côtes et des États français, ayant établi une alliance avec sultan Ahmet Khan, notre souverain maître, conformément au commandement impérial signé de la main de Sa Hautesse, relatif aux forteresses et à la pêche sur les côtes de Barbarie, dont les Français sont propriétaires, afin que les usages restent permanents pour le corail recueilli et pêché des mines existantes dans les pays, les ports et les échelles

---

[1] Ce texte a été établi à l'aide de l'original appartenant à la bibliothèque d'Alger, confronté avec la copie conservée au dépôt du ministère des affaires étrangères, qui m'a été communiquée par l'autorisation de M. Faugère, directeur des Archives.

سبعـدن ديار غـربـده واقـع اشبو

محـروسـهء جـزائـر جهـادك تحـت

تصرّتلـريـنه تابع اولان ليمان اسكـله

لـرنـده حـاصـل اولـنـان مـرجـان

معدنـلـريـنك صيـد وشكارلـري ايجـون

قواعد مستمرّه اولدوئى اشبو محروسهء

جزائر جهاد غربك مستحفظلـري وغـزّات

مسلمينك اوجاقلري قبلنه سفـه ويسى

اولان التزام حقـوقلري وعادت رسوماتلري

بـنه كلاوّل قاعـده ء كّى وجزئ هـر نـه

يوزدن ايسه محروسهء جـزائـر جهـاده

ويبرلسون ديو فرمان امر خاقانى صـدور

بولمشكن بامر الله تعالى نيجـه مـدّت

زمانـدن صكـره فرانچـه ايله جزائـرك

مابينـلـريـنه كـدارت حـاصـل اولـنـوب

بـر قاچ دفعـه صلح وغامـره زيـاده حـلـل

پـذير ايريشـوب بعـض مـدّت زمان

بو خصوصى احوالـلري ايكى جانبلـرده

معطّل قلـنـمش ايكـن حالـيا شمـديكى

حالـده الله سبحانه وتعالى حضرتلريـنك

عون عنايتى وغـايت بى نهايتى ايله كا ڭ

الاوّل يـنه سابـقـده اوله كـديـكى قانون

شهنشاهرك اجراي ثواى واسباى اوزرينه

حالـيا اشبو سنـه ١١٠٠ تاريخى اولان ماه

ذى الحجّـه شريفـنك غـايـهء تكـميـلى

كونلـرنده يـنه اسلوب سابـقـه اوزرينه

فرانچـه سواحلـنك پادشاهى قبلنـدن

de la dépendance d'Alger, la bien-gardée
et la guerrière, et afin qu'en présence des
grands et des petits des ordres militaires
musulmans, les droits et obligations annuels
et les règlements d'usage soient encore,
comme autrefois, la base absolue; et que la
redevance, quelle qu'elle fût, soit donnée à
Alger, la bien guerrière, suivant le commandement impérial émané à ce sujet.

Quoique par suite des décrets de la Providence, depuis quelque temps, des troubles
se soient élevés entre la France et Alger, et
que plusieurs fois il ait été porté atteinte à
la sincérité de la paix; cependant, après
quelque espace de temps, ces sortes d'affaires ayant cessé des deux côtés, aujourd'hui
qu'avec la grâce du Très-Haut les choses
sont rétablies comme auparavant, ainsi,
suivant l'usage d'autrefois, pour remplir et
exécuter les intentions de notre Empereur,
de même qu'il a été pratiqué en l'année 1100
et à la fin du mois de zilhidjé, encore suivant le mode ancien :

L'Empereur de France ayant envoyé des
ambassadeurs pour assurer de la paix le
Divan de la milice, et les ambassadeurs de
France ayant remis des lettres de leur souverain, adressées aux grands du Divan d'Alger la guerrière, et au très-honoré Hadgi
Chaban Day, chef et général des troupes musulmanes (que Dieu protége ses jours), et
aux chefs des corps militaires, et générale-

اشبو جزائر جهادك ديوان محترملرنده
واقع عساكر اسلام باش وسردار اولان
سعادتلو ودولتلو لحاج شعبان دا طال
بقاه حضرتلرينه وعسكر ضابطلرينه
وبالجمله موجود اولان غزّات اسلامه
بناء الصلح خير سيّد الاحكام اجون
ارسال قلدوغى نامهلرى وفرانچه ايلچى
لرى وكالت ايله ديوان عساكردن صلح
وصلاح دك قلدوغنده نصكره كذالك
درون عقد اوزره باغلو اولان ينه جزائر
جهادك دولتلو داى محترى وعسكر
ضابطلرى سابقده كجن بيع وقديم
اوزريسنه اول جانبه مأمور وموجود
اولناجق فرانچه تجّارلرى ينه باستنيون
مرزبورهنك تصرّفلرى استخدامنه
متصرّف اولنمالرى بابنده حاليا اشبو
سنه ١١٠٥ تاريخى اولان ماه شوّال
المعظّملك ابتداسى كون لرمءء حقوقه
درعهده قلان فرانچهنك بازركان باشى
سى موصى بر أتى طرفندن فرانچه
پادشاه مكتوبلرى ايله وكالت قيلان
بستنيون بازركانى موصى انّت كرّل نام
بازركان حضور جمرده ديوان ايله قول
ايدوب اسكى دن اولان قانون ايله
جانبينده معقول دك كورلمشدر باقى
نمدن كيرو الغت اولا وتأكيد افضل
ايله اشبو عهد وفامز حاصل اولوب

ment à tous les grands et petits de la foi
musulmane, attendu que la paix est préfé-
rable pour le gouvernement des états :

De même, suivant le présent contrat, qui
lie encore le très-heureux et très-honoré Day
d'Alger la guerrière et les chefs de la milice, les négociants français, qui seront préposés de France et présentés à l'effet de disposer et de jouir du susdit Bastion pour y
faire le commerce comme par le passé ;

Ainsi ce sont les redevances et les droits
établis au premier du mois de chewal de
l'année 1105, et le sieur Anet Caissel, négociant du Bastion, prêtant serment au nom
du sieur Pierre Hély, chef des négociants,
porteur des lettres de l'Empereur de France,
à ce autorisé, étant convenu en notre présence avec le Divan que des deux côtés l'ancien usage a été trouvé raisonnable ;

Ainsi dorénavant, attendu l'amitié qui
existe et la grâce qui est affirmée, ces lettres
portant serment ont été accordées et ont été
dressées suivant cette convention ;

Les deux parties les ayant jugées conve-
nables, la permission et les dispenses ont
été accordées par le Divan et la milice avec
bonté et bienveillance aux susdits négociants
pour toutes les affaires qui leur compéteront ;
à cet effet, pour que le tout soit évident, les

وشول شرطك اوزرینه ایجاد قلنمشدر
که ایکی طرفلر معقول کوردكلری حسن
ورضالری اوزره ذکر اولنان بازرکانلرك
بهر بر خصوص احواللرینه در دیوان
عساکردن اذن واجازتلریمز ویرلدبکی
تقریر بیانی وتحریر عیانی ایله اشبو
عهدنامهمزك نقل مصطاری وهربر
بابلری اوزرینه اشبو حروف کتب
اولندی

در بیان باب اوّل

شمدیکیحالده الله سبحانه وتعالی
حضرتلرینك عون عنایتی ایله حالیا
اشبو دار الجهاد وجزائر غرب منصوره
ولایتنك متصرّف اولدوغی ممالك محروسه
لرنده وناحیه سی اسکله لرنده
شمدنکبرو واقع بیوریلان باستیون وقالی
وبلد عناب وجلی وبجیه وقول لیمان
اسکله لرنده دأب قدیم اولان عادتلری
اوزره بیع وشرا تصرّفلری ایچون طرف
دیوانمزدن اذن ویرلدكده نصکره
محبتلو دوستمز فرانچه قرالینك
جانبندن دی تجارت ایچون تعیین
وموجود قلدقلری ینه فرانچه تجارلری
ذکر اولنده وغی وجه اوزره تجارتلری
احوالنده محل مسکن اولنمالری قولك
اوزرینه بیز دی معقول کورمشدر اول
بابده کرکدر کیم خصوص مزبورانده

présentes lettres portant serment ont été
confirmées et écrites suivant chacun des
articles.

TENEUR DE L'ARTICLE PREMIER.

Dans cet état de choses, avec la grâce
spéciale de la divine Providence, actuellement dans les villes de la dépendance d'Alger
en Barbarie, la bien-gardée, la guerrière,
la victorieuse, et les échelles qui les avoi-
sinent; dorénavant les négociants envoyés
encore et présentés par notre bien-aimé ami
le Roi de France, auxquels il aurait été
permis, par ordre de notre Divan, de vendre
et acheter, comme bon leur semblerait, suivant les usages anciens, au Bastion, à la
Forteresse, dans la ville de Bône et dans les
échelles de Gigeli, de Bougie et de Collo;
de nouveau les négociants français ci-dessus
désignés devant retrouver les lieux d'habitation nécessaires à l'exploitation de leur
commerce, conformément aux conventions:

Nous aussi avons jugé la chose juste. A
cet effet, il est nécessaire de remplir le but
de tous ces objets, et pour chacune de leurs
affaires qui ont été représentées en totalité,
et comme il a été dit pour les négociants

بهر بر احـوالّـرى اجّـون جمـع موجـود
اولـدهقلـرنـدة ذكـر اولـنـدوغى اوزره
فراجّه تجّارلرینك قانون قدیمـهلرى هـر
نه ایسه آكه بغاء مأمور اولدقلرى بـیع
وشـرالـرینـه اصلاً وقطعاً زمرهء آخـر
ناسك وسائر طائفهء بازرکانلرك فـرانسیز
تجّارلرى طرفنـه وحـصولـه كتنوردكلـرى
اشلرینه وكار معاشـارینـه طرن آخـودن
بركسنه تقدّم ایله مداخلـه قلمـایوب
ومانع مزاح اولنمیه لر دیو اشبو حروف
كنب اولندى

در بیان ایكینجـى باب
ان شآء الله الرحـن باق شمـدنكـیـرو
محروسهء جزائر جهاد لیمانلرنـدن روى
دریایه چغان پورتون جنك كـیـلـرینمرك
وكرك چكدیریلرینمرك وكرك فـرقـتنـه
لرینمرك مرور وعبور قلمالرنده حالیا جمع
وموجـود اولان باستنیون وقالى تجّـارلـرى
اجّون اول جانبه كلوب كیدن فراجّـه
كیلرینه ومرجان صنـدالّرینـه ملاق
اولنوب وبربرلرینه بولشدقـلـرنـدة هـر
نه جانبه عزم ایـدر ایـسـه ایـتنسـون
مذكور فراجّه سفینهلرینك یدلرنـدة
حامـل مادامـه كـیم باسـتـیـون وقالى
قیوداننك یاصهپورتوسى اول كیـلـردة
بولـنـه اولـقـولـه لرى یـوقـلـنمغـله
بلدكلرندن صكره بغیر موجـب آخـر

français, suivant les anciens usages, quels qu'ils soient.

En conséquence, aucun autre négociant de cette classe, ni aucun négociant d'une autre nation, jamais, ni en aucune façon, ne doivent toucher aux ventes et achats des préposés français, et, qui que ce soit commis par d'autres, se mettant en avant, ne doit s'ingérer ni mettre obstacle aux affaires que les préposés français se seraient procurées, et aux bénéfices de leurs travaux. A cet effet, ces lettres ont été émanées et écrites.

TENEUR DE L'ARTICLE SECOND.

S'il plaît à Dieu, dorénavant les vaisseaux de la régence d'Alger la bien-gardée et la guerrière, les galères et les frégates qui entrent et sortent des ports de ce royaume, faisant rencontre des navires français et des bateaux coraïlleurs allant et venant, dépendant du Bastion et de la Forteresse, après s'être réciproquement reconnus, s'ils vont ou viennent de l'un ou de l'autre endroit, qu'ils ayent toute liberté, s'ils sont pourvus des ordres et des passe-ports du Bastion et de la Forteresse, après les avoir vérifiés avec attention et les avoir reconnus : que personne, par aucune autre ingérence, ne les moleste sous aucun prétexte quelconque.

Si cependant un bateau coraïlleur ne se trouve pas muni de passe-port, néanmoins il ne devra pas être molesté.

Et dans le cas qu'un navire ou un bateau

وجه اوزره رنجيده اولنمايوب بر كسنه
مداخله ايلمیه‌لر مکر کیم اللرنده
پاصه‌پورتوسی اولنمیان مرجان
صید النه دڭ رنجیده‌ليك بیورلمیه
وخصوصى مزبوره اوزرینه ذکر بر كیمڭ
وياخود بر صیدالك پاصه‌پورتوسی
النده بولنمش ایکن بو دفعه بزم
كیلریمز مزبورى رنجیده ورمیده
ایلیوب آدملرین اسیر وبنه قیلوب
ومال منا للرین دڭ یغما ایدرلر ایسه
ذکر اولندوغى وجه اوزره حاليا جزائر
جهاده اولان وكیسل‌لربك
استدعاسجه النان سفینه‌لرى ومالرى
تماماً كیرویه ویربا‌وب واسیر اولان
نفراتلرى دڭ اطلاق اولنه دیو وضع
وتحریر بیورلمشدر
در بیان اوجنجى باب
باقى بوندن صكره ذکر اولنان مزبور
باستیون وقالى وقیوزرك فى الجملة بناسى
نار ومار وويسران ترك دیار اولنفدوغى
حسبیله در فاتما شمدیكیحالده یكى
باشدن جمع وموجود اولان زمره‌ء
باستیونك نفراتلرندن عد اولندوغى
فراتچه بازرکانلرى حاليا مزبور باستیون
وقالى ومعًا قیوزرى دڭ ینه اسكى دك
اولان حالى اوزرینه مجدداً تعمیر ومعمور
دڭ قلعالرى ایچون كندولره لازمه‌سى

---

coraillenr se trouvent munis de passe-ports et qu'alors nos vaisseaux les molestent, ou fassent esclaves leurs gens, ou les arrêtent, ou pillent leurs biens comme d'ordinaire. aussitôt que les agents français à Alger réclameront les navires et leurs biens, ils devront leur être rendus, et les gens faits esclaves leur seront aussitôt délivrés.

Ainsi il a été établi et il a été ordonné qu'il fût écrit.

TENEUR DE L'ARTICLE TROISIÈME.

Enfin et doresnavant le Bastion cy-dessus désigné, et la Forteresse, et le cap Roux, étant tous ensemble tombés en désordre et en ruines, par la raison qu'ils ont été abandonnés, cependant et dans cette circonstance étant nécessaire que le Bastion et la Forteresse et aussi le Cap Roux soyent de nouveau reconstruits et remis en bon état pour les négociants et employés en grand nombre du Bastion, et à cet effet ayant besoin d'approvisionnements de toute espèce pour ces reconstructions qu'ils devront acheter de ces endroits pour les rétablir, comme ils

اقتضا ایلبان خرج تنتاقدن بناسی

مهماتلرینه كفایت مقداری اشبالری اول

یرالردن صانون آلوب وینه مائتقدّمده

اولهكلدیكی بناسفك حالی اوزرینه

تعمیر ومعمور قطالری اجون اولجانبده

حركت وتداراك ایلدكلرینه زمرهٔ

آخردن بر فرد بر كسنه مانع ومزاح

اولیه وینه مزبور برلرده متمكّن اولان

باستیون آدملرینه كفایت مقداریجه

اشباء لوازماتلری وقوت یومیّهلری اجون

دقیق حاصل ایطلرینه یألكز بر عدد

اشیای كافی دكرمی كفایت ایطلدوكی

اجلدن محلّ روزكاری موافق ودكرمسنه

مناسب اولنمدوغی تقدیریبله وحالا

كندیلره اذن ویرلمشدركه باستیون

طاغی اوزرینه وقالی دیهسنه ینه عادت

اوزره دكرمی اجهادیه یكی دأ تعمیر

قلوب اوغریدن حفظ ایطلری اجون

دكرمی جومنه غریب بر یفقه والچق

اینجه طیراق دیوار قوشادوب تعمیر

ایطسی اجلنه مذكور باستیوننده جمع

اولان فرانجه تجّارلرینه بالادده تحریر

اولان خصوصلری اجون اذن

واجازتلریمو دئ صادر اولنمشدر

اولبابده زمرهٔ آخرك مداخلهسبله

بر فرد مانع ومزاح اولنمیهلر دیو وضع

وتحریر اولنمشدر

étaient anciennement, il est ordonné que personne d'aucune classe ne mette empêchement ni opposition aux achats de ces approvisionnements. Et en outre, étant nécessaire de pourvoir aux approvisionnements victuels des habitants du Bastion et de leurs gens, surtout en farine, il leur est permis de bâtir un seul moulin[1] dans l'endroit où le vent leur sera favorable, et où l'emplacement sera trouvé plus à propos.

Et en outre, il leur est accordé la permission, au Bastion et à la Forteresse, de construire de nouveau, dans le genre des moulins, un mur en terre d'entourage très-mince, et assez bas, pour se mettre à l'abri des voleurs.

En conséquence, nous avons donné notre permission et notre autorisation pour tous les objets désignés cy-dessus aux négociants français susdits du Bastion, et à ce sujet il est défendu à qui que ce soit de s'ingérer en aucune manière dans cette affaire et d'y mettre aucune opposition.

---

[1] Notre texte porte en substance : « Comme un moulin n'est pas suffisant, dans le cas où la place qu'ils occupent ne serait pas bonne pour le vent et convenable à un moulin, il leur est permis d'en construire de nouveau sur la montagne du Bastion, au sommet de la Forteresse, avec un mur..... indépendant du corps du moulin... »

در بیان دوردینجی باب

قدرت ربانی بامر الله تعالی ساکن
اولدوقلری بلاد محروسهده تخطلق
واقع اولنورایسه حالیا ذکر اولنغان
باستیون وقالی تجّارلریغك معمور وساکن
اولدقلری یرلرده قوت یومیّهلری وكندو
آزقلری ایچون زخیره وبوغدای زیاده
قلّت کسر اوزره اولوب بولنمیه کرکدرکه
اولجانبده اولان طائفهء اولاد عربلر
ایله باستیون تجّارلری بری براری
مابینلرنده اکل قطملری ایچون کفایت
مقداری زخیره وبوغدای آلدقلریغه
تعلّل ونزاع حاصل ایتمیهلر ویبنه
باستیون مذکورده ومابق خدمتقلری
ایچون ساکن اولدقلری یرلرده حالیا
جمع اولنان زمرهء تجّارلرك وتوابعلرك
قوت یومیّهلری ایچون عائیهد اولدوغی
دأب قدیم زمان اوزره بسملكلك ایچون
اقتضاسنك حسبیله کندولره کفایت
مقداری بلد عتّاب ناحیهسندن
وسائر یرلردن زاد وزخیره وبوغدایدن
قوت یومیّهلرینك بیع وشراسی ایچون
صانو بازار قلدقلریغه بر وجهلاً زمرهء
آخردن بر فرد بر کسنه مداخله ایله
مانع اولنمایوب رنجیده ورمیده
ایلمیهلر وعلی الخصوص بهر بر سنهده
ینه قانون قدیم اولان معتادلری اوزره

Si, d'après les décrets de la Providence et par l'ordre de Dieu tout-puissant, les négociants établis au Bastion et à la Forteresse éprouvent un manque de vivres journaliers, et d'approvisionnement en blé, par suite d'une disette survenue dans les villes voisines, il conviendra alors que les Arabes ne mettent aucun obstacle ni retard à l'arrivage des approvisionnements que les Français auront faits, et qu'à ce sujet il ne s'élève aucune contestation.

Et en outre, pour les approvisionnements du Bastion et des gens de leur dépendance dans les endroits de leur habitation, suivant les usages anciens, ils auront le droit de faire acheter, dans les environs de Bône et dans d'autres endroits, la quantité d'approvisionnements, et celle en blé pour les vivres journaliers qui leur seront nécessaires, et il est défendu à qui que ce soit d'y mettre opposition.

Et à ce sujet, chaque année encore, suivant l'ancien usage, pour l'approvisionnement en vivres des femmes et des enfants des négociants établis au Bastion, et des gens de leur dépendance, il est accordé deux seuls navires de blé qui seront envoyés en France à leurs familles; et afin que qui que ce soit ne s'ingère et ne mette opposition à ce dispositif, il a été ordonné qu'il soit écrit ici.

حالا باستيونده موجود اولان بازرگان
طائفهسنك اهل وعيالى وتوابعاتى آزقلرى
اچون قوت يوميّهلرى ارسال اولنمق
بابنده ياللّر ايكى عدد شهتيه بوغداى
يوكلدوب فراچهده واقع اولان اولرينه
كونندردكلرنده ارسال ايلدكلرينه
زمرهء آخرك بر نرد دخل وتعرّضلرى
واقع بيان بيورلميه ديو اشبو حروف
كتب اولندى

در بيان بشنجى باب

وحاليا ذكر وتسجيل اولندوغى بلد
عنّاب قائدينه معتاد قديم اوزره بهر
ايكى ماه اتمامنده بر دفعه بشر يوز ريال
ادا وتسليم ايلرى درعهده اولنمش
ايدى ولكن شمديكيحالده بلد عنّاب
قائدينه براچّه وبر حبّه ويرليوب هان
هر ايكى آيده بر دفعه جارى اولان
بشميوز بتون ريالى بلد عنّابك حالا
نوبتجى اغاسى اولان كسنهنك يدينه
تسليم ايلك كركدر ديو درعهده
اولنمشدر وكذلك سنهء مزبورك
ابتداسى كوننده آخر كونلرينه دكين
آلتى دفعاده جمعًا يكون اوچ بيك
بتون ريال تسليم اولنور اوّلكى دفعاسى
وابتدا اولان اداسى ميشرى حاليا
محروسهء جزائرك اوله كلديكى لرمهسى
ويرلديكى محلّ زماننده وضع وتسليم

Présentement les cinq cents pataques,
qui étaient payées chaque deux mois, et
jusqu'à ce jour, suivant les anciens usages,
au caïd de la ville de Bône sous le nom de
Donatives, cependant et dorénavant un sol
ni un denier ne devant être payé au caïd de
la ville de Bône, seulement chaque deux
mois les dites pataques entières *de bon voisinage* seront payées à l'aga ou commandant
de la garnison de la dite ville de Bône, et il
a été ainsi convenu.

Ainsi, du commencement jusqu'à la fin
de chaque année, il ne sera payé que trois
mille piastres entières, et le premier payement sera fait en même temps que les redevances dites *lismes* seront payées à Alger,
la bien-gardée, et de cette manière qu'il ne
soit élevé aucune autre prétention à ce sujet.

Quant aux donatives passées en usage
envers les cheiks arabes, elles seront toutes
payées suivant le règlement arrêté par le
passé avec le capitaine Samson, et tout ce

قلنوب وبونندن بويله ما باق ظهوره
كلان ازدیادلری دعوای طلب قلنمه
وخصوص مزبور احوالاترك ما تقدمـدن
اولـه كلدیكی شیخلرینك عادت مألوفلری
اولان عوائیدلری سابقا سلفده كـچی
قیودان صمـصـونـك عهـد ونامـهسی
موجبنجه ویریلوب بحلّنه اذا اولنه واول
وقت زماندن حالیا بو آنه دكیی آزه
یرده واقع اولان احداث ثانون وصنایع
بدعتلر وزیاده طلبلر شیمدنكیرو رفع
وهـر وجهـله مـنع اولوب باطـل اولنـه
وبونلردن صكره كرك بلد عنّابك قایدی
اولسون وكرك زمرهء سائرك طـرفنـدن
بر آدم اولسون مادام كیم اول كسنهنك
الغده دیوان عسـاكـر طرفنـدن امـر
وفرمان بولنمیه اول مـقـوله آدمـلـر امـر
وفـرمانسـز وعسكردن اجارتسـز حـالیا
باستیون نجّارلـرینك حصارینه دیوان
عسـاكردن اذنسـز ومكـتوبسـز كلوب
كیرمیـهلر دیـو امـر تـنبیـهلر اولنـوب
خصوص آن الـذكری اوزربـنـه تحـریر
قلنـمشدر

در بیان التیخی باب

وحالیا محروسهء بلد عنّابك كرك
وسائر مكالف عرفیّهسی معان قلنوب من
بعد بر نسنه طلب اولنمیه وهزبور
اسكلهده طائفهء بازركاندن زمرهء آخرك

... LGER DE 1694.   717

qui sera prétendu en sus de ce règlement
sera biffé et défendu de toute manière, soit
provenant de la part du caïd de la ville de
Bône, soit de quelque autre personne que
ce soit; puisqu'aucune de ces personnes
n'est munie d'un ordre ni d'un commandement formel du Divan de la milice.

Qu'aucune de ces personnes n'aille ni ne
veuille entrer au fort du Bastion des Français, sans une permission expresse, ou une
lettre, ou un commandement du Divan de
la milice.

Et pour tout ce que dessus les présentes
lettres ont été écrites.

TENEUR DE L'ARTICLE SIXIÈME.

L'exemption de douanes et d'autres im-
positions du Gouvernement actuellement
existantes dans la ville de Bône, étant accordée, il n'en sera plus exigé après un an;
si, dans la susdite échelle, il survient un na-

بر كيمسى كلدكده ياغ وعسل وشمعه
وجلد وسائر اشيالرنـدن بـر يـوك
المايوب بيع وشرالرى بولنميه هان نغربر
وتحرير اولنـدقى فرانسز بازركانلرى بيع
وشرا ايـدهلر وينـه طباقلر امينـنـك
حاصل اولان كونى سابقا سلـفـده كبى
مـرحـوم قيـودان صمـصـونك زمان
حالـلرنـده هـرنه يـوزدن بيـع وشـرا
اولنمش ايسه يغه اول بها سيـبريـنك
اوزريـنه ويريـلـوب بـر كسـنه تعـلّـل
بيورميهلر وحاليا تحروسهء بلد عقابه
لازم اولـنـاجق مرتـبـهسى كون اهل
صنايع صاتون الدقلرنده نصكره ازدياذا
ماباقى قلان كونلرى كرك از وكرك جـوق
هرنه ايسه بر سائر بازركانلره ويريـلميوب
ذكر اولنغان فرانجه بازركانلرينه بيع
وشرالر قلغوب فروخت ايلبیهلر وذرعادت
قـدیمیّه وعـهـد وامان نامهیه مخالف
بر طريق وضع ايلن زمرهء سائـر ناسـك
بازركانلرينه مزبور كونلرى بيع وشرا قلوب
وفروخت قلدقلرى معلوم بيورلدقده
كركدركه اول مغوله آدملرك اشيالرى
بـكلـكـه كرفت اولنه وينه محلّ مزبور
يرلرده واقع اولان باستيـون بازركانلرى
كندو آدملرينك معاشـلرى ايجون لازم
كلان قوت يومـتّـهلرى وغيـر ازقـلـرى
وقصد قـوصـولـرى عادت اوزريـنه آلوب

...ire d'une autre nation, qu'il n'ait à prendre
aucune charge, ni d'huile, ni de miel, ni
de cuirs, ni d'aucune autre marchandise,
et qu'il ne fasse aucune sorte de vente ni
d'achat; seulement que les négociants français dont il a été parlé cy-dessus fassent
les ventes et les achats; et encore les chefs
des tanneurs devront livrer les cuirs qu'ils
auront rassemblés au même prix qu'ils ont
été vendus et achetés du temps du capitaine
Samson, de manière à ce que personne n'y
mette opposition; et après que les gens du
métier auront été approvisionnés de cuirs,
suivant leurs besoins habituels, le surplus
de ces cuirs, soit peu, soit beaucoup, quel
qu'il soit, ne doit pas être livré à aucun
autre négociant; mais les susdits négociants
français qui président aux ventes et aux
achats devront les acheter. Et, en outre, suivant les anciens usages et suivant les traités,
si des gens d'une autre nation y contreve-
naient, et qu'il fût reconnu qu'ils font le
commerce et qu'ils ayent acheté des cuirs,
il faut que les marchandises de ces gens-là
soyent confisquées au profit du Trésor.

Les blés et autres approvisionnements,
et le couscoussou, qui seront nécessaires
aux négociants établis au Bastion et autres
lieux, pourront, suivant l'usage, être chargés sur leurs bateaux lesdits approvisionnements, et aucune personne n'y mettra aucune sorte d'opposition ni d'empêchement.

Il leur est permis d'avoir un prêtre pour
leurs gens qui sont chrétiens, et personne
ne doit y mettre obstacle.

صنداللرينه يوكلتـديـكنه زمرهء آخـرك
بر فرد مانع ومزاجملرى ودخـل تعرّضلرى
بولمّيه وينه تحروسهء بلد عتّـابـده
وقالى ده وقيوزرده كنّدو زهّلرى اجون بر
پاپاس تعيين قلدقلرينه بر كسنه مانع
ومزاحم اولمّيه وحالـيـا مزبور تجّـارلـرك
امرى التنده مأمور اولان خدماتلرينك
ووكـيـل لـرينك اقتـضالـرى حسبـبله
تكرارًا وجـدّدًا نصب وتعيين وتبـديـل
ايلـدكلـرى خـصـوص احـوالالـريـنه
وقاعدهلرينه زمرهء سائرهنك دخـل
وتعرّضـملـرى اولـهّمايـبوب مانـع ومـزاحم
قلّيهلر واحوال سائرهلرى دئ مـرحـوم
قپودان صمصونك زمان حالـلرنده هـر
نه مـنوال اوزره قانون قاعدهلرى قورلـّش
ايسه ينه اول طريقك اوزرينه هـركـس
عمل وانقياد بيورهلر ديو وضع وتحـريـرى
ايله التماس قلمشدر

در بيان يدنجى باب

وجه مشروح اوزره حالـيـا باستـيـون
وقالىده جمع وموجود بولـنان فرانجـه
تجّارلـرى باستيوندـه وقالى ده وقيوزرده
وبـلد عتّـابـده وقولـدده وجّـلـده
وبجيهدده معهود اولان مرجان اولادقلرى
يـرلـرده ماتفقـّدمـدن هـر نـه وجـهـك
اوزرينه يوررلـرايسه ينه اول تـدارككرك
وجهى اوزرينه ايشلرينه مأمور اولوب

Également personne ne doit s'opposer
aux changements, destitutions et renouvel-
lements ordonnés par les chefs, des propo-
sés ou agents français qui sont établis dans
ces divers endroits.

Et pour tous les autres objets on s'en
tiendra aux usages fixés sous la gestion du
capitaine Samson, et que chacun ait à s'y
conformer.

Ainsi il a été ordonné et écrit.

TENEUR DE L'ARTICLE SEPTIÈME.

Ainsi les chefs du Bastion et de la Forteresse, et les négociants français établis au
Bastion, à la Forteresse, au cap Roux, à
Bône, au Collo, à Gigely et à Bougie, dans
les lieux où ils auront pêché de beaux mor-
ceaux de corail, celui qui sera préposé à
leurs affaires, suivra les mêmes coutumes
que par le passé, et aucune autre personne
n'y mettra obstacle, ni opposition, et aucun
étranger quelconque ne devra ni s'y ingé-

حصوله كلان صنايع احوالاريـنه زمـرهء
آخـردن بـر فـرد بـر كسنه مانع ومـزاحم
اولــمــيــهلر وخـارجــدن اولان بـعـض
كسنهلر دى دخل وتعرّض ده بولمـيهلر
وبنه اقتضا ايلـديـكى حسبـبله قوت
يـومـيّهلـريـنه وآزقلريـنه ومعـاشلريـنه
وسائر مأكولات مشروبـاتلريـنه واشيـالريـنه
ضرورت حـال اوزره محـتـاجـجلرى واقـع
اولنـدقـده حالـيـا يـدلـرنـده جـارى
بـولـغـان رزقلـريـنى ذكر بهـاء قيمتـلرى
اوزريـنه فروخـت وادا ايلـك شرطيـبله
امـدادلرينه بولـنهلر ديـو حـال تحـريـر
اولـمـشدر

در بيان سكربنجى باب

حاليا شـمـديـكيجـالـده واقـع وبيـان اولان
كـروسـهء قـولـده حـالا شرق بـكـفـه
مــتــعــلّــق جـلـد وبال مومى بوكلـمـهسى
اجـون بر سفينه كلـدكده هرنه مقدار
نـقـود الجـه كـتـوررلـر ايسـه حالـيا
اولجـانبده نصب وتعيين ومأمور اولدوغى
كـروسـهء بـلـد قـولـك قـايـدى اولان
كسنهمز ذكر اولـنـدوغى نـقـود الجـهدن
هـر يـوز ريـالـنـده يـالكز اون ريـال عـادت
فـديم اولان عشرت الجـهسـيـن آلـوب
ضبط ايلـيه وآلّ مزبور اون ريـال عشردن
ازديـاد تكالـف عـرفتّـهدن امـن اولـنـوب مى
بعـد بـر الجـه زيـاده طلـب ومنـازعـهلرى

rer, ni mettre opposition, ni leur faire
tort.

En outre, s'ils ont besoin de vivres et
d'approvisionnements ou de tout autre objet
de nécessité, pour réparation de leurs effets,
ils auront la permission d'acheter ces objets
de bon voisinage qui leur seront fournis pour
venir à leur secours, à condition qu'ils les
payeront au prix courant et selon leur valeur : ainsi il a été convenu.

TENEUR DE L'ARTICLE HUITIÈME.

Actuellement, lorsqu'un navire arrivera
au Collo pour charger des cuirs ou de la
cire, dépendants du bey de Constantine, le
caïd commandant du Collo aura le droit de
prendre dix pour cent sur telle quantité
d'argent comptant que ledit navire aura ap-
porté, suivant l'ancien usage, à titre de
dîme qu'il encaissera et retiendra; mais ensuite le navire sera exempt de toute autre
imposition quelconque, et il ne sera plus
demandé un sol : il est fait de nouvelles défenses expresses aux marchands de cire et
d'huile de n'y point mêler de corps étran-
gers ou d'autres ingrédiens, et que chacun
d'eux, prenant garde aux conséquences, ne
fasse aucune supercherie; et suivant les
conventions passées cy-dessus, la cire et les

اولانمیه وینه طائفهء تجاره تأكیداً تنبیه
عظیمهلر بیوریله كه موم اجنده
وباخود یاغ اجنده بر سائر مأكولات
ومزخرفات مخلوطندن هركس احتراز
ایدوب حبله ایلمیهلر وینه بالاده ذكر
اولنان قولیمزك اوزربنه واقع بیوریبلان
موی وجلدی مذكور بازركانلردن ماعدا
آخرك زمرهء سائرندن كرك مسلمان
اولسون وكرك نصرانی اولسون بو قول
شروطمزك اوزربنه قیاس طوتیلوب آخره
فروخت قلمیهلر كه زیرا فرانچه تجارلری
بهر بر قنطار بال موی آلدقلرنده
قنطار باشنه اوجاغه بر ریال خرج ویرر
بویوزدن كرك اوجاغزه وكرك فرانچه
بازركانلربنه زیاده غدر اولنوب وكر بر
آخر بازركانه فروخت ایدرلرایسه عهد
وامانمزه مخالف خلل پذیر ویره جك
خصوصلر حاصل اولنمش اولور وكر
بوندن صكره واقع بیورلدوغی تنبیه
ونأكیدلریمزه ودیوان عسكرك امربنه
ورضاسنه هركیملرك اطاعت وانقیادی
بولنمیوب وضع مخالفتی ظهوره كلور
ایسه باقی اولزماننده زمرهء آخره
فروخت ایلدكلری متاعلری واشیالری
بكلكه كرفت اولنوب ضبط وربط اولنه
بو خصوصلرك اجراسی اجون محروسهء
قولك قایدینه خطابا اشبو شروط

cuirs qui se trouveront ne doivent être livrés
qu'aux seuls négociants susdits, et non à
aucun autre négociant, ni mahométan, ni
chrétien; prenant pour règle ces traités, ils
ne doivent vendre à aucun autre, parce que
les négociants français payent une pataque
de droits pour chaque quintal de cire, et
qu'alors il y aurait une grande perte pour
la Régence et pour les négociants français;
et si d'*autres négociants* en achètent, ils seront cause que les *bases de notre traité* auront été détruites.

Si, d'après ces injonctions, quelques personnes se permettaient de désobéir aux défenses prescrites par le Divan de la milice,
et à nos ordres, et si leur désobéissance est
prouvée, que les biens et les effets de ces
prévaricateurs soyent, suivant l'usage ancien, confisqués au profit du Trésor, qu'ils
soyent saisis et liés.

Et pour le maintien de ce que dessus, il
sera donné une expédition de cet ordre au
caïd commandant du Collo, afin qu'il le
fasse exécuter, parce que, si de la part des
négociants du Bastion il nous vient des
plaintes amères à ce sujet, les caïds, commandants de place, et les agas commandant
les garnisons en seront rendus responsables.
Et cet ordre a été émané de la part de nous
tous.

طوللریمزك اجراسنه مقیّد اولنمالری
اجون امر وفرمانمز صادر اولنوب
کوندریله که زیرا مزبور باستیون
بازرکانلرینك طرفلرندن بو منوالجه داد
وفراعلر ایله حضوریمزده شكایتلری
حاصل اولنور ایسه حالیا ذكر
اولندوغی قایدلریمز ونوبتجیملك اغالری
دئ ضامنی اولوب اجراسنه جواب
ویرهلر دیو فی الجمله‌مرك طرفندن امر
وتنبیه‌لر اولنمشدر

در بیان طقوزینجی باب

باعث الكتاب تحریر حروف بیورلدوغی
بو درکسم وكر فرانچه طرق ایله
مابینمزده عیاذاً بالله تعالی كدارب
ظهوری ایله صلح وصلاحمرك بوزلمه‌سی
ورفع اولنمه‌سی واقع بیوریلور ایسه حالیا
مذكور باستیونده ساكن اولوب وجمیع
موجود بولنان طائفه‌ء تجارلره
بو خصوصك احواللری اجون ذرّه دكلو
رنجیده‌لیك حاصل اولنمایوب
اینجیدیلمیه‌لرکه زیرا تجارلر اموری
سلطنت امورندن بری اولوب فصل
خصوصلرده وبرشی ده علاقه‌سی
یوقدر وخاصتاً اولان مصالح عامّ امور
مصلحتنه قارشترمق جائز دكلدر
كه زیرا مزبور تجارلر هر بارده امان اوزره
بزم كفدو اجدادلریمز مقامنده

TENEUR DE L'ARTICLE NEUVIÈME.

La teneur suivante de cet article est
celle-ci :

Si, Dieu préserve, entre la France et
nous, il survient publiquement des torts
qui entraînent la destruction de la paix, et
qu'il soit ordonné le redressement de ces
torts, tous les négociants établis et existant
au Bastion, ne devant être inquiétés en aucune manière à ce sujet, il ne leur sera fait
aucun mal, attendu que les affaires des négociants devant être éloignées de celles des
gouvernements, ne peuvent y être mêlées
en aucune manière, et ne doivent pas y être
immiscées, parce que les négociants demeu-
rant toujours sous la protection des traités,
et tant fixés, comme nous l'avons établi, il
faut que, dans tous les temps, leur position
soit libre et tranquille, et leur esprit soit
au-dessus du trouble, afin qu'ils puissent
en obtenir les bénéfices. Parce que ces négociants établis et fixés dans cette partie,

en procurant de très-grands avantages au Divan de la milice, et à tout le peuple, et en payant exactement et entièrement aux époques fixées les redevances reconnues au palais de la Régence, doivent rester, comme auparavant, dans leur commerce; et pour cet objet, les négociants de cette nation ne devant être molestés en aucune manière, ni violentés pour ce fait, le présent écrit a été ainsi établi, et leurs désirs ont été ainsi remplis; et salut.

TENEUR DE L'ARTICLE DIXIÈME.

Suivant la teneur des présentes et à la demande des négociants du Bastion qui envoyent, suivant l'ancien usage, deux navires à Alger, la bien-gardée, lesquels navires, après avoir vendu et acheté les objets qui leur ont convenu, avec leurs propres deniers, étant sur le point de partir pour se rendre au Bastion ou à la Forteresse ou dans d'autres échelles, qu'il leur soit accordé le permis de départ, puisqu'ils ont pris tous ces objets qui leur étaient nécessaires. Il est ordonné que toutes les fois qu'ils n'auront point donné leur consentement à d'autres achats, soit en cuirs, soit en cire, soit

اولوب كركدركه بهر بر زمان آسوده
حال ومرفه البال اوزره كندو كسب
وكارلرنده اولالر كه زيرا مزبور بازركانلرك
بو طرفده قائم وثابت اولدقلری ديوان
عساكره وسائر خلقه تجارتلرندن
انتفاع كلى عائد اوزره چوق اولماغله
حاليا دار الكريمه دى محل زماننده
بالتمام والكمال حقوق معلومين ويروب
ادا وتسلیم ایلدکلری حالتده یفه
كلاول كندو تجارتلرنده اولنه لر
وخصوص مزبورونه بر وجهله غدر
سیاقلری یوزنده ن طائفه تجارلری
رنجیده ورمیده قلمیه لر دیو اشبو
حروف وضع وتحریر اولنوب التماسلری
حاصل قلنمشدر

در بيان اونیجی باب

بو منوال مشروح اوزره ذكر اولنان
باستیون بازركانلرینك رجالری اوزرینه
بهر بر سنه مزبورده معتاد قدیمه لری
اوزره یالكز ایكی عدد شهتیه لری
محروسهء جزائره كلوب فى الجمله
اشبالریین بیع وشرا ومعان فروخت
قلدقلرندن صكره حاصل اولان
نقوداتلری ایله مزبور شهتیه لر لیمان
جزائردن چغوب كتمك لازم كلدكده
باستیون وقالیه وسائر توابع
اسكله لریمزه روانه قلدقلری یانیده

كمالرينه دستور واجازتلرمز ويريله كه
حالا كندولره اقتضا ايدن متاعلردن
كفايت مقداري نجه الله مادام خصوص
مريورلرك كندو رضالرى اولمدجه
فندوقلردن كرك جلد وكرك بال موى
وكرك سائره متاعلرى المغنه لازم
اولسه يابوب زمرهء آخرك تعلّل
ومخالفتلرى مابينده بولنميه اشبو
حروف وضع وتحرير وتقرير قلمشدر
در بيان اون برينجى باب

وينه بوندنصكره موى البه ذكر
اولنان باستيون تجارلرينه وتوابع
لواحقلرينه طرفمزدن شول شرطلرك
اوزرينه دستور وادنمز صادر اولنوب
موجب ايله تحرير والتماس دى
قلمشدر كم مزيورلرك مادام كم كندو
رضالرى وحسن ارادتلرى اولمدجه اول
طرفلرك تجارتلرى بر سائر زمرهء تجاره
حكم يصاق قلدقلرمزك سبب
اجرتمراتلرى مقابلهسنده اولان احواله
بناءً باستيون بازركانلرى دى بهر بر سنهء
كاملهسى اتمامنه دكيين هر ايكى مآه
تمامنده بر اداسى ميشرنده آلنى
دنعاسنده دى ادا وتسلم ايطلرى
شروطلرينك اوزرينه در عهدهلر ايله
قول محيجمز ووعدهء كريمهمز كندولره
عنايت قلمشدر يعنى ذكر اولندوى

---

d'autres marchandises, que qui que ce soit
ne prétende ni les engager ni les forcer.
A cet effet les présentes ont été écrites.

TENEUR DE L'ARTICLE ONZIÈME.

Et de plus, dorénavant, les susdits négociants du Bastion, et pour le droit de
propriété et de pavillon, selon les présentes
conditions, notre aveu et notre permission
ont été délivrés et consignés ici; tant que
ce ne sera pas avec leur consentement et de
leur propre volonté, il est expressément et
fortement défendu à tout négociant d'aucune autre nation de s'établir de ces côtés-là :
à cet effet, les ordres suprêmes ont été adres-
sés, et en retour, et en conséquence de cette
convention les négociants du Bastion ont
consenti aussi de payer à la fin de chaque
année, c'est-à-dire chaque deux mois pour
six payements; et à cet effet nous avons
contracté de bonne foi, et nous avons accordé ce terme généreux, c'est-à-dire que
suivant le compte établi cy-dessus, le sixième
doit être payé et remis chaque deux mois,
et avec la grâce de Dieu tout-puissant, à la
fin de chaque année la totalité de nos per-
ceptions en tout et pour tout sera seulement

حسابى اوزرينه هر ايكى آيده برسدس
تسلم واداسى ميتشرنده ان شآء الله
الرحمن بالكز برسنهسنك كامله‌سنه
دكين بجوى حصولاتمز اولان بتون
حسابينجه يالكز اوتوز دورت بيك
صيمه لزمءه حقوق بالتمام والكمال دار
الكريمىه كتوروب تسليم ايده‌رم ديو
التزام اولنوب تعبير وحسن تفسير
وتحرير دئ قلمشلردر وكذالك موجود
اولان باستيون تجارلرى ومعًا كنديلره
تابع اولان توابعلرى حاليا باستيون
وقالى‌نك تصرّفنده واقع اولان يرلرك
بهر حالده اولان خصوص ومصالحلرينه
بيز دئ اولا بالطريق حايت وصيانت
ايلمز اوزرلرينه قول محيكمز واقرارمز
كنديلره صادر وعيان اولنوب خصوص
مزبورلرك اجرالرى ايچون وضع وتحرير
اولنوب التماسلرى حاصل قلنمشدر

در بيان اون ايكينجى باب

و حاليا محروسهء جزائر جهاده كلوب
جمع موجود اولان باستيون بازركانلرينك
مرجان ايچون ايصال ايدوب
وكوندردكلرى مال الجهلرندن باج ومكرك
طلب اولنمايوب الميهلر ودرونى جزائرده
متمكّن وساكن اولان باستيون وكيلى ذك
اكل معاشى ايچون ارسال ايليوب
كوندردكلرى كرك الجه وكرك غبر اشيا

de trente-quatre mille saïmé, droit de lisme .
entièrement et totalement qu'ils disent vouloir apporter et remettre au Palais Suprême.
En conséquence, le consentement ayant été
accordé, il en a été passé acte et les présentes ont été écrites.

Et de même, nous, de notre côté, avons
donné notre parole et avons affirmé tant
aux négociants du Bastion, et aussi à tous
ceux qui leur sont soumis, mais encore pour
toutes les affaires des autres endroits qui
dépendent du Bastion et de la Forteresse,
de leur accorder constamment aide et protection, et afin que les effets ressortent de
tous les objets mentionnés cy-dessus, il en
a été passé acte, et les présentes ont été
écrites.

Et actuellement pour le corail que la
Compagnie des négociants établis et fixés
au Bastion expédiera, et l'argent qu'elle en-
voye dans cette ville guerrière et bien gardée, ils ne seront soumis à payer ni péage
ni douane, de même aussi l'argent qui parviendra aux agents du Bastion établis et
fixés audit Alger, pour leurs subsistances et
vivres, ne sera également pas soumis à aucune redevance.

ایچون رسوماتلری آلنمیه ویسنه جمع
وموجود اولان مزبور فرانچه تجارلری
کندو حسن رضالری وارادتلری اوزره
حالا وکیللری اولان آدمیسین بو
طرفدن استدکچه تبدیل وتغییر ورفع
معزول ایلدکلرینه اصلاً وقطعاً زمره
آخرك دخل وتعرضلری بولنمایوب
ومزاحم قلمیهلر وعلی الخصوص
وکیللری اولان آدم دئ بر طریق وجهلاً
بر کسنهدن قرض حسن واودبنج نای
ایله بر اقچه وبر حبّه بورج آلمایوب وبر
کسنهمز دئ زنهار اودینج ویرمیوب
مزبور بازرکانلرك وکیللری دینه کرفتار
اولمیهلر دیو طرفمزدن عظیم بصاق وحکم
تنبیه تأکیدلریمزك حاصل اولنماسی
بابنده اشبو حروف وضع وتحریر اولنوب
وتقریر دئ قلنمشدر

در بیان اون اوجنجی باب
وحالا شمدیکیکهالمزده فرانچه سواحلی
ایله واقع بیوریلان صلح وصلاح
ومستوجب الفلاح الفت وداد صکره
زیاده محبّتلو دوستمز فرانچه پادشاهی
قبلندن بو جانبه کلان ینه فرانچه
اختیاری اولدوغی باستبیون مزبورهنك
باش بازرکان باشیسی اولان موصی پر الی
طرفندن فرانچه پادشاهنك مکتوب
ونامهلری ایله حضور دیوانمزده وکالت

En outre, toutes les fois que les susdits négociants établis et fixés voudront, d'après leur bon plaisir, destituer et renvoyer leurs agents, qu'aucune autre personne ne s'y oppose et n'y mette aucun empêchement, et à cet effet les agents ne devant en aucune manière et sous aucun prétexte emprunter de l'argent, ni faire aucune dette, quelque petite qu'elle soit, et afin que personne ne leur donne rien par surprise, les susdits négociants ne seront point rendus garants de leurs agents.

A cet effet et pour les expresses défenses de tout ce que dessus et pour les ordres les plus forts et les plus précis, les présentes ont été établies, fixées, et encore écrites.

TENEUR DE L'ARTICLE TREIZIÈME.

Et actuellement, dans l'état présent des choses, conformément à la paix intime, et susceptible de prospérité qui existe avec le royaume de France, des lettres patentes de la part de notre très-aimé ami l'Empereur de France, qui nous a fait don de son amitié, ayant été présentées à notre Divan, par lesquelles le sieur Hély a été institué son premier négociant en titre, lequel aurait commis par procuration le sieur Anet Caissel, négociant du Bastion, celui-ci s'étant

محبجه قبلان باستدبون مزبورك بازركانى
موصى آنَتْ كِزَل نام بازركان محتمت ايله
طرفزه كلوب سى واقدام ايله وديوان
عساكر ايله باستنيون وقاليده متنصرّى
اولنمالرى اجون سوز واقرار صادر ايدوب
جهدينه موقوف اولنماسى خاطرى
اجون بازركانلره جابيتا كرك دار الكرميه
وكرك شرق بكى اجون بلد عتّابك
اغاسنه وكرك قول قايدينه عائيد اشبو
عهك امان نامه مرده مذكور اولان لزمه‌ء
حقوق كه ابتدآء ماه شوّال آينك
ابتداسى كوندن ويرمكه باشلار كه زيرا
لزمه‌ء حقوق كوننه كلنجيبه دكين آرد
يبرده واقع بش آى كاملهسى مذكور
بازركان موصى آنَتْ كذله وينه بوندن
اقدم باستنيون تجارلريڭ ضرر روزبانلرى
اجلنه ديوان محترمزدن معان بيوريلوب
ذكر اولنان بشنجى آينك كاملهسنه
وماه شوّالك ابتداسى كوندرينه دكين
بر الجه وبر حتبه طلب اولنمايوب وموى
البه كرك لزمه‌ء حقوقدن وكرك شرق
بكى اجون بلد عتّابك اغاسنه ويره جكى
جائزه‌دن وقول قايدينه ويره جكى
الجهدن مزبور بازركانلرك بش آى محالفك
كاملهسنه دكين بر الجه وبر حتبه طلب
قلمايوب وهر كس تأخيرده بولنهلر
وبوند نصكره بش آى وعده‌لرى كجوب

présenté devant nous avec amitié, ayant donné parole, et avoué qu'il vient avec l'appui et les soins du Divan de la milice pour jouir et disposer du Bastion et de la Forteresse.

En conséquence et afin de lui être agréable, et afin que les négociants soient protégés, les droits de redevances ci-dessus spécifiés dans le présent traité, soit au palais de la Régence, soit au bey de Constantine, soit à l'aga de Bône, soit au commandant du Collo, commenceront à être payés du premier du mois de chewal, car les droits de redevances avant de parvenir à cette époque, cinq mois auront été écoulés en attendant; et en outre les pertes et dommages que les négociants du Bastion ont essuyés avant cette époque, étant soulagés de la part de notre très-honoré Divan par les cinq mois entiers, dont on ne leur demandera ni un sol ni un denier.

En conséquence, pour les susdites redevances et pour les droits qui concernent le bey de Constantine, l'aga de la ville de Bône et le commandant du Collo, qu'aucun d'eux n'ait à demander la moindre chose de ces négociants jusqu'à la fin desdits cinq mois, et après cela le terme des susdits cinq mois étant écoulé, conformément à la date de l'année 1105 du mois de chewal, le susdit Anet Caissel, ainsi que les négociants établis au Bastion, devront payer, sans retenue quelconque, la totalité des redevances, et les présents d'usage, suivant les anciennes coutumes, soit au palais de la Régence, soit au

مرور ايلدكده اشبو سنه بيك يوز بش
تاريخـى اولان ماه شـــوّال المـعـظـمـك
ايتداسى كونلرى مزبور موصى آنَتْ كَزَل
بازركان ايله خاليا باستيون وثالى ده جمع
وموجود اولان باستيون بازركانلرى يـنـه
عادت قديم اوزرينـه كرك دار الكريمه
وكـرك شرق بكى اچـون بلـد عنّابـك
اغاسنه وينه قول قايـدينـه عائيـد وراجـع
اولان ئ لجـمـلةً لـزمـه حـقـوقـلـريـنى
وعادت عوائـيـدلـريـنى اشـبـو عـهـد
ونامه مزده نقل اولندوغى بجـالى اوزره بى
قصور والكثير وفادار كوسترهلر ديو تحـريـر
قلنوب ويرلمشدر

در بيان اون دوردينجى باب

وذكر اولنان عهد ونامهنك ايكى عدد
صورى يازيلوب محروسهء جزائرك ديوان
محترملرنـده ودار السـلطـانـده قـرأت
اولنوب سعادتلو ودولتـلـو دائ المحـتـرم
لحاج شعبان افندى حصرتـلـريـنـك
حـضـورلـرنـده وجـلـه عـلـها وصـلـحا
افنديلر وجميعًا عساكر منصورهلر حاضر
بالمجلس اولنوب مزبور باستيون بازركانى
اولان موصى آنَتْ كَزَل دى محـضـرنـده
اشبو تاريخ وكتـابـده تحـريـر اولندوغى
منوال اوزره قول ويـيمان وعـهـد وامان
اولنوب سعادتـلو ودولنـلـو دائ محـترم
حضرتلرينك ومزبور بازركان موصى آنَتْ

bey de Constantine, soit à l'aga de Bône.
ainsi qu'au commandant du Collo. A cet
effet, les présentes ont été écrites.

TENEUR DE L'ARTICLE QUATORZIÈME.

Deux exemplaires de ces traités susdits
ayant été écrits, et ayant été lus par les
très-honorés membres du Divan et dans le
palais du Prince, en présence du très-heureux, très-puissant, le très-honoré Day, le
Seigneur Hadgi Ahmet, et en présence de
tous les gens de lois et de justice, et de tous
les chefs de la milice la victorieuse tous as-
semblés, et en présence du sieur Anet Caissel, également réuni, le présent traité écrit
sous cette date devant être maintenu suivant
les conditions, les promesses et les serments
y mentionnés, le très-heureux et très-puissant, très-honoré Day et le susdit sieur Anet
Caissel, négociant, étant convenus du tout,
ont signé et scellé les présentes.

En conséquence, ces serments et ce traité

گزل نام كسنەنك دئ امضالـرى ايلە
مهور وخاتملـرى برلە مختـوم اولنمشدر
ايمدى بو عهدىمز وعهد واماتمز اماندر
هركيملر بوعهد ونامەمزە مغايروخلاف
ارتكابنە برايش ايشلـر ايسـە زيادە
عقوبتلرە مستولى ومستحـق اولنماسى امر
محقَّق در شـويـلە اعـتـماد بيوريـلـوب
وطـرفيـن دن انقياد حـاصـل اولـنـە
والسلام
تحريرًا الواقع فى غرّەء جمادى الاوّل سنە
خمس ومايە والف سنە ١١٠٥
صاحـب الـدولە للحـاج احـد دائ
بمحروسەء جزائر غرب حالا
در بيان اون بشنجى باب
بائ شمدن كيـرو باستيون بازركانلرى
اولطرفە منتصرّن اولوب ظلم وخـوفـدن
مبرّا آسودە حالدە اولنمـالرى ايچـون
ديوان محترمدە سعادتلو پاشا ومروتلو
دائ المحترم حضرتلرى وفى الجملةً اهـل
ديوان عساكر منصورەلرك محضرلرندە
واقع موصى آنَت گزَل نام باستـيـون
بازركانى دئ حاضر بالمجلس اولـوب ايكى
طرفلردن نيجە دورلو مباحثات وانواع
مناقشاتـدنصكّرە اولجانبك ظلم
تعدادندن امين وسالم اولمالرى بابندە
اوّلا بونـدن اقدم باستنيون وقالىنـك
وقمپوزرك احداث ايلە ايجاد اولندوفى

portant serment sont la foi publique; quiconque tiendra une conduite contraire à ce
traité portant serment et se permettra de
s'y opposer, peut être assuré de toutes les
suites fâcheuses qui ne manqueront pas
d'être ordonnées et qui auront été méritées.
Ainsi prêtant foi aux présentes, qu'elles
soient bien recommandées des deux côtés;
et salut.

Écrit dans les premiers jours de djemâdi-
ul-ewel de l'année 1105.

Le chef du gouvernement El-Hadgi Ahmet, Day d'Alger en Barbarie, la bien-gardée, la guerrière.

Dorénavant, les négociants préposés pour
jouir et disposer du Bastion, devant être à
l'abri de toute vexation et de toute crainte,
le sieur Anet Caissel s'est présenté devant
l'honorable Divan, et devant le très-heureux
et très-honoré Pacha, et devant le grand
Divan de toute la milice, la victorieuse, lesquels se sont réunis en assemblée, des deux
côtés pour réprimer toutes sortes de super-
cheries, et toute espèce de torts qui ont eu
lieu, et à l'effet de rendre les négociants du
Bastion sains et saufs, suivant l'usage, de
toute vexation. D'abord, et avant cette
époque, pour ce qui concerne tous les négociants qui ont été établis primitivement
soit au Bastion, soit à la Forteresse, soit au
cap Roux, et dans la ville de Bône, soit à

وقت زمانلرندن حاليا بو آنه وبو تاريح
كونلرينه دكين نيجه دفعه قديم
اولدن سالفده كلمش وكمش باستيون
وقالى ذلك اسكى بازركانلرينك وقيودانلرينك
ئ الجمله سى قبلندن كرك باستيون
وقالى ده وقيوزرده وكرك باد عتّابده
وكرك جلده وكرك جيده وكرك
تولده واقع جيعًا لمان اسكله لرده ئ
الواقع سابقده كمش وأولمش بازركانلرك
وقيودانلرك ذكر اولغان يرلرده بر طريق
وجهلاً بر آدمه دك بورجلرى وار ايسه
هاى ندر فلان زمانك اسكى دن اولان
باستيونده بنم وياخود خصملريك شو
قدر حسابى والاجى واردر ديو هر كس
كنده و باشلرندن خلاف شرع قانون
اولان بدايع ايشلر وكوجلر ايله زنهار
بر كسنه مر باش قالديروب حالا
ثمديكيجالده يكىدا واقع اولان
بازركانلردن ووكيللردن جبرى وقهرى بر
اجه وبر حتّه النماىوب وطلب دك
قلماىوب من بعد ومن الوجوه بوجنس
عُرف ايشلر ايله ظلم تعدّيدن ونزاع
حاصل قلادن برى اولنوب ديوان
عساكرك رضاسى اولمدوقى ايشلردن
بولنيمه لر ديو ئ الجمله مزدن وايك
جانبلردن قراردادە وعليه قلفوب
طريق غدر منع اولمشدر ديو عهد

Gigely, soit à Bougie et au Collo, soit dans
tous les autres ports et échelles de ce
royaume, qui y ont été de passage ou sont
morts, si de tous ces négociants ou capitaines susdits, il existe quelque dette de
quelque nature qu'elle soit envers une personne quelconque, et qu'elle dit où en est le
compte de telle date, ou celui de mes parents qui n'a pas été liquidé dans telle
échelle ou au Bastion, lequel se monte à
tant. Que personne, de sa propre autorité,
et d'une manière contraire à la justice, se
soulevant, ne prétende réclamer des affaires
de marchandises et autres de discussion hors
de son cercle. Ainsi dans l'état actuel des
choses au sol, ni un denier ne devant être
exigé de nouveau par force et par violence
des négociants actuels et de leurs agents,
dorénavant ce genre de supercherie et cette
vexation avec mauvaise foi devant être éloigné, le très-honoré Divan a prononcé que
c'est hors de son consentement que l'on en-
treprenne de pareilles affaires, et le tout
ayant été convenu des deux côtés et par
nous tous, il a été expressément défendu,
attendu que les deux anciens négociants sont
autres et que ceux-ci actuels sont différents :
que de pareils procès n'ayent donc lieu par
surprise dans les ports ci-dessus nommés,
ni dans nos échelles, ni dans d'autres endroits, et qu'ensuite il ne vienne pas de
plaintes de pareilles vexations et de violences, dont on doit être éloigné.

Actuellement de la part du très-honoré
Divan et du consentement de la milice mu-

وامان وقبول پیمان دی صادر قلنمشدر
کهزیرا اسکی قدیم بازرکانلر باشقهدر
وشمدیکی حالده اولان بازرکانلر دی
باشقهدر ذکر اولنان لیمان اسکلهلریمزده
وسائر غیری یرلرده زنهار بو جنس
دعوا وخلاف نزاع اولنمسون وبو طرفه
قوم تجّارلرك من بعد شکایتجیلری
کلنمیوب ظلم غدردن بری اولنمسونلر
دیو حالا دیوان محنرمده موجود
اولان جمیعًا ضابطلرك وعساکر اسلامك
رضای عهد امانی اوزرینه اشبو حروف
کتب اولنوب وجانبیندة امضا دی
قلنمشدر شویله بیلوب هر کس عمل
ایلیهلر باقی والسلام تحریرًا الواقع فی
غرّهء شهر جمادی الاوّل سنه خمس
ومایه والف سنه ١١٠٥

sulmane, les présentes ont été écrites et
signées des deux côtés; le sachant ainsi, que
chacun y tienne la main et le fasse exécuter.

Écrit dans les premiers jours de djemâdi-
ul-ewel de l'année 1105.